IV PSALTI

Migraine ou gros câlin ?

QUÊTE OU RECONQUÊTE DE LA SEXUALITÉ
DANS LES COUPLES QUI DURENT

ÉDITIONS ANNE CARRIÈRE

www.anne-carriere.fr

ISBN : 978-2-253-08486-0 – 1re publication LGF

Je dédie ce livre
à Dame Nature,
pour avoir fait de l'homme un être sexué.

Et surtout à mes parents, disparus trop tôt,
pour leur sexualité, origine de ma vie,
et, au sein de l'amour profond de leur couple,
pour le message qu'ils m'ont transmis :
sans le sexe, on peut très bien vivre,
mais avec le sexe, on se sent vivre !

Introduction

> « La sexualité exprime la pulsion même de la vie. Il s'agit de sa manifestation la plus spirituelle car elle participe du même mystère dans lequel la vie trouve son origine et son fondement. »
>
> Guy Corneau

Au cours de mes vingt années de pratique du traitement de l'*infertilité**, en tant que biologiste de fécondation *in vitro*, j'ai été amené à poser des questions à plus de deux mille couples sur la fréquence de leurs relations sexuelles et, surtout, sur le nombre de jours d'abstinence au moment de la récolte du sperme (la qualité spermatique, en effet, est fonction de la durée d'abstinence). Comme je les mettais à l'aise lors de cet interrogatoire, il n'était pas rare que certains me donnent plus d'informations qu'il n'était nécessaire

* Tous les termes en italique suivis d'un astérisque sont définis dans le lexique en fin d'ouvrage, p. 223 et suiv.

pour le dossier médical. Cette approche des gens me poussa, dans les années 1990, à m'intéresser davantage à la question de la sexualité et à approfondir mes connaissances en la matière, en poursuivant des études de *sexologie** clinique.

Au début des années 2000, dans le cadre d'un débat sur la sexualité, la chaîne de télévision franco-allemande Arte réalisa une enquête au terme de laquelle 95 % des sondés affirmèrent être satisfaits de leur sexualité. Ce taux de satisfaction m'étonna ; je savais qu'il ne reflétait pas la réalité, tant par ma pratique de traitement des *troubles* sexuels* que par mes conversations avec des personnes dites « normales », c'est-à-dire croyant avoir une bonne sexualité et ne consultant pas un professionnel dans ce domaine. D'ailleurs, les sexologues présents sur le plateau ne manquèrent pas de souligner l'énorme décalage entre ces réponses et la réalité. Sans doute la question n'avait-elle pas été posée correctement. Auparavant, divers sondages avaient révélé qu'un tiers des couples avaient une vie sexuelle active satisfaisante ; que, pour un autre tiers, l'un des partenaires était frustré ; et que, dans le dernier tiers, les relations sexuelles étaient quasi complètement absentes.

À la même époque, pour approfondir la question, je me suis rendu à un congrès en Allemagne. En discutant avec mes confrères, j'ai obtenu la confirmation que la misère sexuelle est tacite, qu'elle est tue et travestie, surtout chez les couples de longue durée.

À l'issue de ce congrès, au cours du long trajet de retour en train, je relus la brochure du programme des séminaires et les résumés des diverses interventions. J'étudiai, soulignai, annotai des passages qui me paraissaient importants. Au bout de plusieurs minutes, je me rendis compte que la jeune femme assise à côté de moi regardait furtivement dans ma direction, négligeant son propre livre ouvert devant elle. Dérangé par son regard curieux, je l'imitai et lorgnai sur ce qu'elle lisait. Elle ferma aussitôt l'ouvrage dont je n'arrivais pas à déchiffrer le titre sur la tranche. Gênée, elle débuta une conversation à bâtons rompus en anglais et m'interrogea sur ma lecture. Quand je lui parlai de mon métier, elle me dit être heureuse de faire ma connaissance et de discuter pour la première fois de sa vie avec un sexologue. Ses questions furent d'abord anodines. Puis elle me fit remarquer que j'avais annoté les textes des conférences sur la sexualité féminine, celles où l'on parlait de la réponse sexuelle, c'est-à-dire du *désir** sexuel, du *plaisir** et de *l'orgasme**. Je lui confiai que ces sujets étaient mes dadas.

Après un moment de réflexion, elle se présenta. Elle s'appelait Eva, était une fonctionnaire allemande de 36 ans, mariée depuis treize ans à un ingénieur. Avant que je lui demande quoi que ce soit, elle me dévoila sa vie de couple sans pudeur. Est-il plus facile de parler à une personne qu'on ne connaît pas et qu'on ne reverra jamais ? Sans doute... En général, si les gens sentent que vous n'allez pas les juger, ils se confient assez vite sur leur vie intime. Et puis, j'ai toujours observé que ma faculté d'écoute, mon attitude bienveillante les poussaient à me livrer leurs problèmes, spécialement ceux concernant leur sexualité.

Eva pensait que les gens qu'elle côtoyait s'adonnaient très régulièrement, et à cœur joie, aux rapports sexuels et qu'elle-même était une exception. Elle m'avoua qu'à son âge elle était passée à côté de la *satisfaction* sexuelle* et regrettait ce temps perdu. Sans ironie aucune, je lui déclarai que les gens ne faisaient peut-être pas l'amour plus souvent qu'elle, et j'insistai sur le fait que, pour une femme, la satisfaction, la *maturité* sexuelle*, est difficilement envisageable avant la quarantaine. Mais rien n'y fit. Selon elle, la vraie sexualité se déroulait entre 20 et 30 ans, après quoi l'heure du déclin sonnait. Elle confondait beauté du corps jeune et plaisir charnel. Avant que je proteste, elle enchaîna : « D'ailleurs je suis frigide ! » Elle n'avait jamais obtenu d'orgasme vaginal. Pourtant, les rares fois où elle se masturbait, elle atteignait facilement l'orgasme clitoridien. Je lui objectai qu'on ne pouvait pas parler de *frigidité** puisqu'elle avait des orgasmes, même s'ils provenaient du *clitoris**. Le vaginal est plus important, pensait-elle. Son mari aussi insistait pour qu'elle y parvienne. Une copine lui avait dit qu'elle se portait très bien depuis ses 25 ans, âge auquel elle avait obtenu ce fameux orgasme vaginal. Eva croyait qu'on ne pouvait le découvrir que pendant une période bien précise de la vie, et que celle-ci était déjà révolue dans son cas.

Elle enchaîna sur le plaisir sexuel : elle n'en avait pas beaucoup. Puis, changeant de ton, les yeux brillants, elle devint revendicatrice : « Si je n'ai ni plaisir ni orgasme, c'est à cause de mon mari. Il n'a pas su me révéler sexuellement. » Lorsque je lui demandai si c'était le seul homme qu'elle avait connu dans sa vie, elle répondit : « Non, pas du tout. Mais vous savez, les hommes... Ah ! Qu'est-ce qu'ils peuvent être nuls ! Ils sont primaires et ne pensent qu'à leur zizi ! » Sur ce, elle sortit un dessin de son sac et me le présenta. « Voici la différence entre les hommes et les femmes », exulta-t-elle en me montrant la caricature suivante :

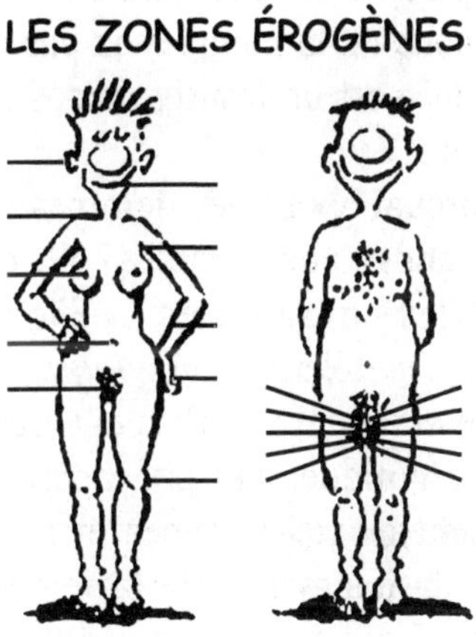

Je la trouvai excellente et nous nous mîmes à rire.

« Donc, si je comprends bien, la totalité de votre corps est une *zone* érogène* », dis-je. Reprenant son sérieux, elle déclara que toutes les parties du corps sont sensibles chez les femmes ; en revanche, pour les hommes...

Vers la fin du voyage, nous parlâmes encore du désir sexuel. Elle en avait eu durant sa première année de vie commune avec son mari ; depuis, plus grand-chose. Elle imputait son manque de désir à la routine, à l'ennui qui s'installait dans leur couple et à la fatigue engendrée par des journées de travail. Je lui demandai si son mari pensait la même chose, puisqu'elle m'avait avoué qu'il était doté d'une *libido** hors du commun. Amusée, elle me répondit : « Lui, fatigué pour ça? Jamais ! Oh, les mâles... Mais ce que vous ne savez pas, c'est que la sexualité de la femme est complexe. Vous, les hommes, vous ne la comprenez pas. Pour vous, le plaisir au féminin est un mystère. Vous ne connaissez rien aux femmes. »

Je lui rétorquai : « Et les femmes, connaissent-elles quelque chose aux hommes? Et, entre elles, se connaissent-elles suffisamment? » Elle sourit tout en me montrant la publicité pour *Viagra*®* qui se trouvait au dos de ma brochure. Puis elle s'emballa : « Les firmes pharmaceutiques ont une approche machiste. Elles ne pensent qu'aux hommes et à leur plaisir. Et la pilule pour la jouissance de la femme, c'est pour quand? »

Comme le train entrait en gare, je n'ai pas eu le temps de lui donner mon point de vue sur la pharmacopée du *sexe**, mais je lui ai posé une dernière question : que voulait-elle, qu'attendait-elle de son mari? Elle déclara être exigeante en amour. Elle demandait d'abord à être beaucoup aimée, son mari devait être toujours amoureux d'elle. Son plus grand souhait était d'arriver à la satisfaction sexuelle. « Je veux entendre les anges célestes annoncer mon entrée dans le monde de la félicité sexuelle, mais je crois qu'il est trop tard », se plaignit-elle.

Au moment où le train stoppait, je l'interrogeai sur ce qu'elle lisait. Avec un sourire, elle me tendit le livre : *Suche Impotenten Mann Für Leben*, de Gaby Hauptmann. Voyant que je ne comprenais pas le titre, elle me le traduisit : « Cherche homme impuissant pour la vie. »

Quelle situation pour le moins ambiguë ! D'une part, elle aspirait à une sexualité épanouie et, de l'autre, elle cherchait à vivre avec un homme qui ne lui ferait pas l'amour ! La sexualité de la femme serait-elle vraiment un mystère ?

Faute de temps, je n'ai pas su démontrer à Eva à quel point elle était influencée par certains clichés, ni lui expliquer les chemins qu'ont suivis certains couples pour atteindre la félicité sexuelle et le bonheur conjugal. Ce que je n'ai pas pu faire en paroles, j'espère le lui communiquer à travers ce livre. Mais, surtout, j'aurais voulu lui raconter comment certaines femmes parviennent à maintenir toute leur vie leur désir sexuel intact – que dis-je ? pas intact, en progression !

Les sondages sur la sexualité prétendent donner une idée globale de la façon dont les hommes et les femmes font l'amour. Cependant, tous les renseignements qu'ils fournissent sont mélangés : la sexualité des jeunes de 20 ans, celle des personnes du troisième âge, des couples formés depuis trois mois et de ceux qui sont ensemble depuis trente ans. Il faudrait, au contraire, traiter séparément ces informations. Les jeunes ont une approche distincte de celle des adultes et, chez ces derniers, la qualité de la relation sexuelle varie suivant le nombre d'années passées ensemble. En général, au début de la relation, la sexualité est toujours bonne. C'est par la suite que les choses peuvent se dégrader...

Le *comportement* sexuel* humain est donc surtout lié à l'âge des gens et à l'ancienneté du couple. D'autres facteurs comme l'éducation, l'appartenance sociale, le niveau économique, les croyances religieuses, la violence, l'état de santé général, la fréquence des rapports (parfois elle est une cause, parfois une conséquence) et surtout l'histoire sexuelle jouent un grand rôle. Notre sexualité peut dépendre de notre passé psychoaffectif, des expériences que l'on vit et de la façon dont on évolue. Il est impossible de comprendre la vie sexuelle d'une personne tant qu'on n'a pas ces éléments en main. Il ne faut pas non plus oublier qu'un couple hétérosexuel est constitué de trois entités : un homme, une femme et leur relation. Ils doivent composer avec leur histoire individuelle antérieure et cheminer ensemble pour construire et entretenir leur couple.

Les sexologues ont aussi coutume d'étudier le comportement des couples en fonction du désir, du plaisir et de l'orgasme. Selon moi, ces facteurs ne sont pas suffisants pour éclairer la sexualité de tel ou tel sujet. C'est pourquoi j'ai introduit dans cet ouvrage deux nouvelles notions : l'*âge* sexuel* et les *motivations* sexuelles*. Il en ressort que la sexualité féminine n'est pas recouverte d'un voile de mystère, ni aussi complexe qu'on peut, comme Eva, se l'imaginer.

Eva avait un point de vue bien arrêté sur la vie sexuelle des couples. En général, au sujet de la sexualité, il existe des croyances, des mythes, des préjugés et des clichés concernant lesquels il est difficile de passer outre. Voici, pêle-mêle, quelques exemples d'idées reçues :

– Beaucoup d'hommes croient encore que les femmes ne sont attirées que par la taille de leur *pénis**. Pure chimère.

– Certaines femmes ne voient dans les hommes que des êtres sexuellement surpuissants, avides de *coïts** à répétition : « Ils ne pensent qu'à ça ! » déplorent-elles inlassablement. Peut-être. Mais l'idée que les mâles puissent désirer, comme elles, la proximité, la tendresse et l'amour ne les effleure pas. Et pourtant... les hommes aussi savent aimer et ont besoin de stabilité affective.

– Pour la majorité des femmes, sexualité et amour vont de pair. C'est vrai. Quoique... Quand j'entends : « Une femme qui perd tout intérêt érotique pour son mari, c'est qu'en fait elle ne l'aime plus. Si elle l'aimait encore, son désir resterait intact et elle continuerait les rapports sexuels », je m'interroge. À voir le peu de couples qui font encore l'amour, on croirait qu'il n'y a pas beaucoup de femmes sur terre qui continuent à aimer leur mari !

– Souvent, j'entends des gens dire autour de moi : « Le manque de désir sexuel qu'on observe actuellement dans notre société résulte d'une survalorisation de la sexualité. Contrairement à ce qui se produisait dans un passé pas si lointain, on accorde maintenant une place excessive à la sexualité. Du coup, nos exigences et nos attentes sont démesurées. » Je ne suis pas d'accord avec ce type d'argument. Jadis, quand on ne parlait pas de sexe, les femmes avaient-elles plus de désir ? Sûrement pas ! Pas plus qu'aujourd'hui. Le manque de désir sexuel n'est pas l'apanage de notre temps, il a toujours existé.

– De tous les mythes, il en est un qui a causé beaucoup de tort aux femmes. Il y a un quart de siècle, une croyance populaire prétendait que les prouesses et la technique sexuelle de l'homme étaient le facteur déterminant du plaisir féminin : « Il n'y a pas de femmes frigides, seulement des hommes maladroits. » Ainsi, chaque fois que survenait un problème, toute la faute en revenait à l'homme, et la plupart des femmes ne se sont jamais remises en cause.

En général, les femmes s'instruisent sur les choses du sexe auprès de leurs copines ou des magazines féminins. Ces derniers réagissent selon le goût du jour et pensent donner des recettes pour atteindre le bonheur conjugal.

À la fin du XXe siècle, les médias ont véhiculé l'idée qu'il existait une forte demande, voire une exigence de satisfaction sexuelle. Le plaisir était devenu obligatoire. Des sujets tels que l'orgasme, les aphrodisiaques, le *Kama-sutra* étaient traités en abondance. Quant à la presse masculine, elle dévoilait les secrets pour remporter les olympiades du sexe, les méthodes pour allonger le pénis ou comment devenir le chouchou de ces dames. Cette pléthore d'informations n'a pas empêché de nombreux couples de vivre dans une pauvreté sexuelle totale, alors même qu'avoir une relation sexuelle satisfaisante était devenu le critère clé de la réussite du couple. À chaque période, sa tendance...

Au début du XXIe siècle, une autre tendance s'est dessinée : les joies de l'abstinence. « On vit mieux sans sexe. Les Occidentaux ne se sentent plus coupables de ne plus le pratiquer », entend-on. Leur figure de proue est la Hollandaise Geraldin Levi Joosten van Vilsteren. Les *asexuels** se regroupent dans des associations qui ont leurs sites Internet et leurs publications. Cette tendance créera-t-elle, par réaction, des êtres au désir exacerbé ? Je ne le crois pas. Les non-libidineux et les personnes qui aiment le sexe ont toujours existé et continueront de se côtoyer, dans une tolérance mutuelle, je l'espère.

Lorsque des couples n'arrivent pas à obtenir la félicité sexuelle, les coupables sont vite désignés : la société environnante, l'éducation, le conjoint, l'ennui, le « mystère » du plaisir féminin... Eva baigne dans de telles croyances. Pourtant, d'autres facteurs plus importants sont en cause et l'empêchent de voir le bout du tunnel. Il est temps pour elle d'étudier de plus près le comportement sexuel de ses semblables et de voir s'il est encore possible pour elle d'obtenir la satisfaction sexuelle tant attendue.

1.

Les différents types de comportement sexuel

« Les plaisirs de l'amour n'ont toute leur saveur que dans la maturité. »

Paul Léautaud, *Propos d'un jour*

Il y a autant de couples que d'histoires sexuelles. Pour étudier le comportement sexuel, les sexologues ne doivent pas se contenter de s'intéresser exclusivement aux personnes souffrant de dysfonctionnements afin d'en tirer des conclusions générales. Il est utile d'interroger un grand nombre de gens « sains » si l'on veut comprendre la santé sexuelle d'une population.

Je me contenterai ici de peu d'exemples. Ce nombre restreint de cas – huit – n'englobe pas, à l'évidence, tous les comportements sexuels humains imaginables. Toutefois, cette analyse permettra, je l'espère, d'identifier la dynamique érotique de couples de longue durée dits « normaux », c'est-à-dire se sentant tellement bien qu'ils ne recourent jamais à un sexologue.

J'ai choisi en effet de relater la sexualité de huit couples qui n'ont jamais fait de demande pour traitement de troubles sexuels. Ils présentent plusieurs points communs avec le ménage d'Eva : un âge supérieur à 35 ans, une vie commune de longue durée, un niveau socio-économique plus ou moins équivalent, des études supérieures, tous travaillant ou retraités, sans problème pécuniaire, la femme étant autonome financièrement. Pas de déviances sexuelles, pas de viol, pas d'inceste dans leurs antécédents. Pas de grands tabous religieux. Ils sont tous en bonne santé et ne présentent pas de dépression chronique. Ils sont considérés comme « modèles » par leurs proches.

Selon Francesco Alberoni, « il n'y a aucun rapport entre culture et sérénité amoureuse, entre connaissance psychologique et stabilité du couple. Il n'existe pas davantage de rapport entre le niveau d'instruction et la capacité à aimer. Ce n'est pas seulement dans les milieux défavorisés que les familles éclatent, que les couples divorcent et que les rapports entre les sexes sont difficiles[1] ». Cependant, si j'ai choisi cet échantillon parmi des « privilégiés », et non dans des couches sociales défavorisées, c'est pour bien montrer que, même lorsque ces conditions dites favorables sont réunies, d'autres facteurs peuvent entrer en ligne de compte pour empêcher une sexualité harmonieuse

1. Les notes ont été regroupées en fin d'ouvrage p. 243 et suiv.

de se développer. Cela étant, parmi tous ces couples, il y en aura aussi d'heureux...

Mon but n'est pas de parler de cas pathologiques. Néanmoins, au fil des pages nous verrons que certains de ces couples ne sont pas aussi « normaux » qu'ils pourraient le laisser croire. Ces gens-là, je les connais de longue date : je les ai rencontrés ici et là, j'en ai vu certains rarement, j'en ai côtoyé d'autres pendant de longues années. Ils m'ont raconté leur vie de couple, leurs relations sexuelles, parfois avec facilité, parfois avec beaucoup de pudeur et de retenue.

Couple 1 : Benoît et Bénédicte*

Bénédicte, 41 ans, gérante de magasin d'habillement
Benoît, 36 ans, professeur d'éducation physique
Ensemble depuis quinze ans, pas d'enfants

Description du couple

Ah, quelle beauté ils affichent ces deux-là ! J'ai fait leur connaissance dans une salle de fitness dont Bénédicte est une habituée. Ex-mannequin, elle s'est reconvertie en gérante de magasin d'habillement. Disposant de beaucoup de temps libre, elle vient régulièrement en salle, plusieurs fois par jour, pour pratiquer ses sports favoris et entretenir son superbe corps. Benoît, souvent en voyage, s'y rend rarement. Étant professeur d'éducation physique, il entraîne quelques sportifs de haut niveau et les accompagne lors de leurs

---

* Pour des raisons évidentes de respect de la vie privée, les noms et de nombreux détails ont été modifiés, afin de préserver l'anonymat des personnes concernées.

compétitions à l'étranger. Aussi, chaque fois qu'il est de retour, il se fait un plaisir de passer son temps libre avec sa belle épouse, à sculpter leurs corps.

Bénédicte aime se faire remarquer. Elle s'habille de façon très sexy, voire provocante. Le teint perpétuellement hâlé, maquillée à outrance, les seins plantureux, les fesses rebondies, le corps musclé, les cheveux longs et méchés ondulant de tous côtés à chacun de ses mouvements très étudiés. En passant sans arrêt sa main dans ses cheveux, elle n'oublie pas de regarder droit dans les yeux l'homme le plus proche. Même après un effort physique, elle garde une apparence parfaite. Quelle sensualité ! De plus, si quelqu'un raconte une blague osée, loin de réagir de manière prude, elle en rajoute un brin pour rire avec les autres. À sa façon de parler, on comprend sur-le-champ qu'on est en présence d'une femme sexuellement libérée. Elle dégage un érotisme qui vise fondamentalement à susciter le désir chez l'homme.

Un jour, dans les vestiaires, j'ai entendu deux mâles, affamés sexuels, parler d'elle. Tandis que l'un disait : « Ouf ! Celle-là je me la ferais bien », l'autre lui rétorquait : « Tu es fou ! Tu n'y arriveras jamais. Elle doit être terrible au lit. Il faut être au moins deux pour pouvoir satisfaire une telle chatte en chaleur. » Bénédicte, la bombe sexuelle dans toute sa splendeur, donc.

Benoît est un bel homme costaud qui roule des mécaniques. Il est toujours bronzé, comme sa femme. Le couple est bien assorti. Dans la salle de sport, quand il déambule, les regards féminins suivent ses mouvements et gestes. Lorsqu'il ne se regarde pas dans le miroir, il passe son temps à discuter avec les membres du sexe opposé. Il est dans un perpétuel jeu de séduction. Son but premier est de satisfaire son *narcissisme**, d'être admiré plutôt que de conquérir une partenaire sexuelle. C'est un prédateur qui joue avec sa proie au lieu de la consommer. Il a du charme (il le sait) et il plaît à la gent féminine.

Un jour, tandis qu'il était au fond de la salle, une femme, s'adressant à sa copine, a fait une remarque sur les atouts de ce beau mâle. Et mon voisin, l'ayant entendue, a cru bien faire en donnant son avis : elles seraient bien déçues si elles voyaient les attributs de Benoît, a-t-il déclaré, lui qui avait pu les apercevoir dans les douches. Les femmes ont fait des gorges chaudes de cette pique et lui ont rétorqué qu'elles trouvaient plus sexy la forme des fesses d'un homme que la taille de son pénis !

Voilà qu'un beau jour Bénédicte m'interpelle sur le parking du fitness pour me demander tout de go si, dans le centre de fertilité où je travaille, nous pratiquons des inséminations artificielles avec le sperme du conjoint. La question me surprend. Comme elle est directe, je réponds, tout aussi directement, par l'affirmative. Elle me demande alors de faire un essai pour elle et son mari. Afin de calmer quelque peu son empressement, je lui explique qu'avant d'admettre les couples en traitement, nous devons effectuer certains tests destinés à déterminer la cause de l'infertilité. Et puis, il y a le problème de l'âge. Elle me dit qu'ils ont tous les deux 36 ans et que les examens pratiqués chez elle ne montrent aucune anomalie. Elle est en parfaite santé et la mécanique fonctionne très bien. Il ne manque qu'une analyse récente du sperme de Benoît. Mais, pas de problème, il s'y soumettra sans hésitation, en fournissant le plus rapidement possible un échantillon. Nous fixons rendez-vous à Benoît pour la semaine suivante.

Juste à côté de mon laboratoire se trouve le « masturbatorium », petite salle avec évier où les hommes fournissent leur échantillon de sperme. Une fois toutes les consignes données à Benoît, je le laisse seul, avec quelques revues érotiques. À peine deux minutes plus tard, je le retrouve dans mon bureau, tenant le flacon contenant le précieux liquide. Il est tout fier d'avoir accompli son devoir. Quant à moi, je m'étonne de sa rapidité et lui fais remarquer qu'il est un champion aussi bien en sport qu'en *masturbation**. Dans la même phrase, je lui demande s'il ne souffre pas, par hasard, d'*éjaculation* précoce*, parce que défaire sa ceinture, baisser son pantalon, se laver les mains et la verge, ouvrir le flacon stérile, se masturber, *éjaculer**, refermer le bouchon, se relaver, remettre son pantalon et venir me rejoindre, le tout en deux minutes... Il rougit. Je n'insiste pas, vu qu'il est là pour une consultation en infertilité et non en sexologie.

Deux jours plus tard, je convoque le couple dans mon bureau pour prendre connaissance du dossier de Bénédicte, donner le résultat de l'analyse de sperme et proposer un traitement contre l'infertilité. Quand Bénédicte me présente ses résultats, je remarque qu'elle a 41 ans (et non les 36 annoncés), contrairement à Benoît. En trichant sur son âge, ne confond-elle pas son pouvoir de séduction avec sa capacité de reproduction ? Après avoir parcouru les résultats, je leur fais part de la bonne nouvelle : tout est normal chez eux. Petit bémol, pour avoir le dossier complet, il reste un examen à pratiquer. Voyant Bénédicte devenir toute pâle, je comprends qu'elle sait de quoi il s'agit : le *test* post-coïtal* permet d'étudier l'interaction des spermatozoïdes avec la *glaire* cervicale* de la femme, et cela, quelques heures après un rapport sexuel. Le ton de Bénédicte change. Elle me déclare d'une voix défaite que pratiquer ce test ne sert à rien, qu'il faudra s'en passer et aller directement au traitement. J'insiste sur l'importance de cet examen et lui fais savoir qu'il est hors de question de pratiquer l'insémination avant cela. De toute façon, même si elle se rend dans un autre centre, on lui demandera de s'y soumettre. Sur ce, elle m'avoue qu'elle le sait, qu'elle a déjà sollicité l'aide de plusieurs centres de traitement de l'infertilité et qu'on l'a toujours obligée à en passer par là. Mais voilà, comme elle me connaît, elle pensait pouvoir débuter le traitement sans s'attarder sur cet examen.

En réalité, outre le fait qu'il analyse les spermatozoïdes dans la glaire, le test post-coïtal est le seul examen qui permette de vérifier l'existence de relations sexuelles dans le couple. Après plusieurs minutes de tergiversations, Bénédicte et Benoît me racontent alors leur « petite » histoire sexuelle.

Bénédicte a eu très jeune des relations sexuelles, sans en tirer cependant de satisfaction. De 18 à

23 ans, elle a vécu successivement avec huit hommes. Quelle déception ! « Les mecs ne pensent qu'à ça », se plaint-elle. De 23 à 26 ans, elle a vécu seule. Puis elle a rencontré Benoît et est tombée sous son charme. Elle était étonnée qu'il ne se montre pas entreprenant, contrairement aux autres hommes. De temps en temps, il la caressait et lui donnait un petit bisou dans le cou, et c'était tout. Elle s'est dit : « Voici enfin l'homme idéal que je cherche depuis longtemps. Celui-ci, au moins, ne va pas me harceler continuellement. » Et le couple s'est lancé dans le mariage.

Ils n'ont jamais eu de relations sexuelles, ne partagent pas la même chambre, ne se prodiguent plus de caresses. Cependant, devant leur entourage, ils font bonne figure et se présentent comme un couple parfait.

Très jeune, déjà, lui possédait une puissante sublimation de ses *besoins* vénériens** à travers le sport. Avant le mariage, il a eu quelques copines. Les rares fois où il a voulu avoir une relation intime avec une fille, le coït s'est terminé par une éjaculation très précoce, *ante portas*, avant la pénétration, m'explique-t-il sans entrer dans les détails. Puis il se lance dans un monologue : « La sexualité ne m'intéresse pas, j'arrive parfaitement à m'en passer et je ne suis pas un obsédé sexuel, moi ! Notre couple allait très bien jusqu'à il y a peu. Depuis quelque temps, Bénédicte s'est mis en tête d'avoir un enfant et me pousse à avoir une relation sexuelle. Je pense que c'est mon droit de refuser une telle demande, vu que j'ai passé un accord de continence avec elle. Elle détruit le mythe fondateur de notre couple. »

Sur ces paroles, Bénédicte s'énerve et déclare qu'il n'y a jamais eu de contrat de ce genre entre eux. Disons qu'il s'agissait plutôt d'un accord tacite. Cependant, pour la survie de son couple, elle accepte de se ranger aux arguments de son mari. Puis, trouvant en moi le bouc émissaire idéal, elle se tourne vers moi pour me décréter que nul n'a le droit de porter un jugement sur leur vie de couple, que nous sommes une équipe médicale à la disposition des patients, et que nous devons les aider et leur proposer un traitement. Pas de test post-coïtal, mais directement une insémination.

J'annonce, à mon grand regret, à Bénédicte et Benoît qu'on ne peut pas pratiquer d'insémination et que, dans leur cas, le meilleur traitement est d'entreprendre une sexothérapie. Ils refusent cette proposition et quittent mon bureau en affirmant qu'ils iront à la recherche d'une autre équipe médicale qui acceptera de les prendre en charge.

Commentaires

Voici l'exemple d'une *aversion* sexuelle* avec fuite devant le contact génital. Bénédicte ne se sent pas concernée par le sexe, mais elle aime se mettre en valeur et attirer les regards. Elle ne se préoccupe que de sa jeunesse et de sa beauté. Ah ! si les deux affamés sexuels, dans la salle de fitness, avaient su comme ils se trompaient... Être une femme *sensuelle** avec un sex-appeal énorme est une chose ; être une femme « sexuelle » en est une autre. Quel fossé entre l'apparence de Bénédicte, ses véritables désirs et son activité sexuelle réelle ! N'ayant plus de relations dont elle retirerait une quelconque valorisation narcissique, elle passe son temps dans les salles de fitness. Elle est dans l'apparence, juste pour capter l'attention en surinvestissant son pouvoir de séduction. En général, la plus allumeuse n'est pas la plus jouisseuse. Chez Bénédicte (comme chez Benoît), le plaisir est davantage dans l'attrait suscité que dans la jouissance orgastique. Il est ludique, et non sexuel. Combien d'hommes se trompent en croyant ce genre de femme « chaude » ! Pour la plupart des membres du sexe masculin, une belle femme équivaut à une déesse de l'amour, par conséquent à une grande experte dans l'art sexuel. Ils n'arrivent pas à la considérer autrement. Une vision des choses, d'ailleurs, qui n'est pas seulement valable pour les hommes, mais aussi pour les femmes. Dans le centre de fitness, ces dernières croyaient toutes être en présence d'une *nymphomane**.

Benoît, lui, incarne le rêve de nombreuses femmes asexuées. Se promener dans la rue, main dans la main, avec un si bel homme, quel bonheur ! Ce qui se passe à la maison ne regarde personne. Il avoue que le sexe tient une toute petite place dans sa vie. « Ça ne m'intéresse pas, et je ne m'en porte pas si mal. Je ne sens pas ce besoin irrésistible de pénétration, contrairement au reste du monde », avoue-t-il. Il se masturbe une à deux fois par mois et, parfois, les *pollutions* nocturnes* le soulagent.

Une semaine après ce rendez-vous, Bénédicte me parle, dans la salle de fitness, non pas d'infertilité, mais de sexualité. Elle veut argumenter son refus de se soumettre au test post-coïtal : « Le sexe fait partie de la *pornographie**, c'est sale ! » Elle est contre tout le tapage fait autour de la sexualité et contre l'importance qu'on donne à l'orgasme, à « la tyrannie de l'orgasme », corrige-t-elle. De plus, se laisser aller dans les bras d'un homme équivaudrait à de la soumission. Vraisemblablement, elle a peur du plaisir charnel. Elle me confie que toute son énergie et son intérêt sont investis dans le décompte des exercices abdominaux effectués, des calories gagnées ou perdues, des rides réduites grâce à telle ou telle crème ; dans le choix aussi de vêtements, d'accessoires et de maquillage destinés à mettre en valeur son corps. Ce dernier, travaillé, sculpté, affiné, raffermi doit lutter contre le laisser-aller, le relâchement, la tentation de bons repas, mais surtout contre ce maudit temps qui passe inexorablement et menace un tel travail. Le regard des autres, telle est sa victoire. Alors, quel est l'intérêt de partager ce corps avec un homme, de se laisser toucher, caresser, pénétrer, d'avoir des orgasmes, de faire des grimaces qui déformeront son joli visage ? Il est si facile de résister aux assauts des mâles alléchés et mis en situation d'attente... ce qui augmente leur désir. « J'ai le droit et même le devoir de refuser les relations sexuelles. Je suis gagnante sur tous les fronts », pense-t-elle.

Tout sexologue sait pertinemment que, quand la sexualité n'est pas l'élément qui maintient ensemble le couple, il ne faut pas la réveiller si aucun des deux partenaires n'est demandeur. D'ailleurs, Bénédicte et

Benoît – surtout lui – ne veulent pas prendre le risque de bouleverser l'équilibre auquel ils sont parvenus, et que le retour de la sexualité vient menacer. Mais bon, quand on veut un enfant...

Coda

Dans ce premier couple de type narcissique et exhibitionniste, l'union des âmes est plus belle que l'union des corps. Étant tous deux asexuels, ils s'entendent assez bien. Ils investissent dans l'apparence extérieure de leur corps et beaucoup de gens sont dupes de leur manège.

Couple 2 :
Victor et Victoria

Victoria, 50 ans, juriste
Victor, 53 ans, médecin
Ensemble depuis trente et un ans, cinq enfants de 24 à 30 ans

Description du couple

Victoria, une femme élégante et plutôt réservée d'habitude, que je connais depuis des années, m'apostrophe agressivement un jour dans la rue et me demande : « Qu'as-tu encore raconté à mon mari ? » Comme je ne vois pas de quoi elle veut parler, elle ajoute : « Oui, à ce qu'il paraît, nous devrions faire l'amour cinq fois par semaine ! »

Je comprends alors à quoi elle fait allusion. Quelque temps auparavant, j'avais présenté une mini-conférence dans un colloque médical auquel participait mon copain Victor et dont le sujet était la sexualité masculine. J'avais exposé, notamment, la relation existant entre la fréquence des rapports sexuels et le cancer de la prostate. Selon une étude américaine conduite auprès de 51 529 professionnels de santé, les sujets ayant rapporté une fréquence sexuelle élevée ont un risque de cancer de la prostate plus faible que celui des autres[2]. Par rapport aux hommes ayant rapporté 4 à 7 éjaculations, ceux qui font état d'au moins 21 éjaculations mensuelles ont un risque de cancer diminué de 33 %. D'après les chercheurs, les hommes ayant une activité sexuelle réduite conserveraient plus longtemps au contact de la prostate des sécrétions potentiellement cancérogènes. En conclusion, pour réduire le risque du cancer de la prostate, n'en déplaise à Victoria, mieux vaut avoir une activité sexuelle soutenue que faible.

Victoria continue à me tancer vertement et me fait savoir qu'il faut d'abord consulter les femmes avant de débiter pareilles sottises. La remarque est judicieuse, dans la mesure où il faut être attentif, lors de rencontres privées, à ne pas créer de tensions au sein du couple ; mais, lors d'une conférence, tenir compte de la sensibilité de tous est une gageure. Néanmoins, cette rencontre fortuite dans la rue m'a permis de poursuivre avec elle la conversation (plus tard, en face à face, jamais en présence de son mari) sur le thème de la sexualité. En découvrant ainsi son point de vue à elle, qui complétait la vision surannée de leur vie amoureuse dont son mari me rebattait les oreilles depuis des années, j'ai pu me faire une idée plus claire de leur vie sexuelle.

Victor est un gentleman. Issu d'une famille de la grande bourgeoisie, il sait se tenir en public. Il est très attentionné envers sa femme, lui tient la porte quand elle sort, la chaise quand elle s'assoit, lui laisse la parole, etc. À chaque occasion, il répète : « Moi, je respecte ma femme. » Côté sexe, c'est autre chose. Pour lui, la sexualité est plus une affaire d'hygiène que relationnelle. Un jour où je lui ai raconté que la majorité des consultations en sexologie est motivée par le manque de désir sexuel féminin, il en a été tout étonné : il croyait que les femmes consultaient uniquement pour des problèmes de douleurs et les hommes d'*impuissance**. À son avis, aucune femme ne prend de plaisir aux ébats sexuels. Alors, consulter pour cette raison…

Victor est du genre à penser que, pour un homme « bien », le mariage n'a pas pour finalité les plaisirs de la chair et qu'il ne faut pas traiter sa femme comme une vulgaire putain. La seule chose qu'il demande à son épouse, c'est d'avoir des rapports sexuels selon une fréquence « acceptable » et ce, toujours dans la position du *missionnaire**. Il redouterait de lui proposer autre chose : « Que penserait-elle de moi ? » Pour ses petites fantaisies personnelles, il va voir ailleurs, des prostituées de classe. Grand adepte de la *fellation** et de la *sodomie**, il connaît les bonnes adresses. Il s'arrange aussi avec une professionnelle pour la rencontrer après son bain, histoire de lui pratiquer un *cunnilingus**. Lorsqu'on lui demande s'il l'a déjà fait à sa femme, la réponse est claire et nette : « Je ne peux pas poser mes lèvres à l'endroit d'où sont sortis mes enfants. » D'ailleurs, il n'a jamais non plus demandé à sa femme de lui faire une fellation, puisque cette bouche embrasse tous les matins sa progéniture. Logique ! Victor fait une distinction nette entre l'épouse et la putain. L'une est dépositaire de l'affectif et du respect, l'autre, du sexe. Il avance les mêmes arguments quand on lui demande pour quelle raison il cherche la sexualité hors de son couple : sa femme n'aime pas le sexe, et lui, pauvre mâle, subissant sa « nature », doit répondre à sa libido, à ses pulsions, il a besoin de se soulager. Victoria n'est pas là pour ça. D'ailleurs, il ne se sent pas infidèle du fait du caractère ponctuel de son recours à la prostitution.

Quand je lui fais remarquer que la masturbation existe, il fait la moue. Il s'est fait pincer une fois par son épouse : il avait oublié de fermer à clé la porte des toilettes. Lorsqu'elle a fait irruption, la pauvre a failli s'évanouir. Quel scandale ! Comment son mari, venant d'une si bonne famille, pouvait-il pratiquer un acte si dégradant ?! Entre deux cris et pleurs, elle n'a pas oublié de lui arracher des mains la revue qu'il consultait, histoire de voir ce sur quoi il fantasmait. Mal lui en a pris, il s'agissait d'un magazine spécialisé en sexe anal. Les cris indignés ont repris de plus belle. Terriblement choquée, elle a dit à son mari, après avoir brûlé la revue, qu'elle était vraiment très déçue par son comportement, elle qui croyait s'être mariée à quelqu'un de bien.

Cet épisode a beaucoup perturbé Victor, ravivant de vieux souvenirs. Dans sa jeunesse, il avait vécu une scène comparable avec sa mère, qui avait trouvé sous son lit, cachées dans une enveloppe, quelques revues érotiques. La punition avait été mémorable. Son père aussi s'était mis à l'assaillir, croyant que son fils faisait commerce de ce genre de matériel illicite et pressentant le tort que cela pouvait causer à la respectabilité de la famille.

Depuis l'épisode des WC, Victor s'arrange pour « se soulager » tous les matins sous la douche. Pour ne pas éveiller les soupçons de Victoria, il a pris l'habitude de faire vite. Évidemment, cette pratique s'est répercutée sur son temps de coït. Depuis quelques années, il trouve qu'il est devenu éjaculateur précoce. Ce timing ne le dérange pas outre mesure, parce que personne ne s'en est plaint jusqu'à maintenant, ni les prostituées, ni son épouse.

Victoria vient d'une famille aristocratique. C'est une belle femme, grande, raffinée, élégante, intelligente, travailleuse, tant à l'extérieur qu'à la maison, où elle supervise le travail de trois domestiques.

Elle a reçu une bonne éducation. Très jeune déjà, elle a trouvé dans la rêverie *romantique** un moyen d'évasion. Elle est toujours grisée par ses lectures romanesques, impatiente de vivre les *passions** débordantes et les émotions fortes qui lui paraissent si enviables dans les livres. Lors d'une de nos discussions, à la question « As-tu des *fantasmes** ? » elle me répond par un grand « oui » ! Elle me les raconte avec délectation : « Ces derniers jours, c'est toujours le même qui revient. Je conduis ma voiture et m'arrête à un feu rouge. La portière s'ouvre du côté passager et quelqu'un dépose sur le siège un bouquet de roses rouges. Je ne vois pas l'homme, il s'enfuit. Mon rêve continue. Le lendemain, même arrêt et même geste, mais cette fois-ci l'homme mystérieux est bien là. Je le vois. Et de qui s'agit-il ? Tiens-toi bien : de Brad Pitt. En chair et en os. Il tient un autre bouquet de fleurs et s'installe près de moi. Tandis que je conduis, il me fait une déclaration d'amour, il me caresse la main. Je dois m'arrêter quelque part. Il s'approche de moi et je sens qu'il pose ses lèvres sur les miennes tout en m'étreignant. » Elle s'interrompt.

Impatient, je lui demande la suite. « Quelle suite ? rétorque-t-elle. Il n'y a pas de suite. Mon fantasme s'arrête là, au meilleur moment. » Quand je lui objecte : « Ça m'étonnerait que ce cher Brad veuille s'arrêter au bisou », elle sourit. Ses fantasmes sont influencés par ce qu'elle voit dans des films du style *Love Story* : après une très longue déclaration d'amour, la scène se termine par un chaste baiser dans le cou, et puis, hop ! par un tour de magie, on passe au lendemain, au réveil des protagonistes... Pourquoi aller plus loin ? Jamais de corps enlacés, en sueur, haletants, en extase, partageant l'orgasme. Voilà l'effet pervers de ce genre de films sur l'imaginaire des jeunes filles... et des femmes adultes. Les fantasmes de Victoria ne contiennent aucun relent de sexualité. « Tout est sensuel chez moi », répète-t-elle inlassablement.

Pendant notre discussion, je reviens sur la fréquence de ses rapports sexuels. Elle avoue deux à trois rapports par mois et trouve que c'est beaucoup, trop même. Et que ça dure souvent longtemps. Pourtant,

Victor m'avait relaté son problème d'éjaculation précoce. Comme quoi, le temps est une notion très subjective. Pendant la discussion, elle n'oublie pas de me révéler avec fierté qu'elle ne s'est jamais masturbée de sa vie, avoue avec résignation n'avoir jamais connu d'orgasme et se vante que son mari ne l'a jamais vue toute nue. Victoria, femme vertueuse !

Les relations sexuelles, Victoria les a acceptées dans le but de faire des enfants. Depuis son dernier-né, elle suit les instructions de sa mère, c'est-à-dire qu'une bonne épouse doit se plier au devoir conjugal pour soulager son mari. Cependant, elle estime que le sacrifice a assez duré et voudrait y mettre un terme, maintenant qu'elle a 50 ans. Elle cherche une excuse. Ses deux sœurs, plus âgées qu'elle, en ont trouvé une pour faire cesser ce supplice. L'une a dit à son mari : « Maintenant je suis ménopausée, je suis vieille et une femme âgée ne fait plus ça. » La seconde a inventé un stratagème plus original. Un jour, en rentrant à la maison, elle a annoncé à son époux : « J'ai une bonne et une mauvaise nouvelle. D'abord, la bonne : je viens de l'hôpital, notre fille vient d'accoucher, tu es grand-père. Maintenant, la mauvaise nouvelle : je suis grand-mère, et une grand-mère, ça ne baise plus ! » Évidemment, Victor, connaissant l'histoire de ses belles-sœurs, trouve cela bien mesquin. Et voilà que, au moment précis où Victoria cherche un motif valable pour stopper toute relation sexuelle, je propose, avec mes gros sabots, le rythme de cinq rapports par semaine !

Commentaires

Avec ce couple, on se croirait en pleine période victorienne : Victoria contrôle ses désirs et ses besoins sexuels. Les rôles sont conformes à certaines règles acceptées tacitement par les deux partenaires : l'épouse-mère élève les enfants, veille sur le bien-être familial. Le couple a des valeurs de vie commune où la sexualité demeure au second plan. Souvent à cause de son éducation, de sa religiosité, l'épouse vertueuse a laissé sa sexualité au stade de l'adolescence. Elle lit des romans à l'eau de rose, se délecte d'histoires d'amours impossibles, de souffrances et d'espérances, dans l'attente du Prince charmant ; la meilleure scène est celle où le héros prend sa bien-aimée dans ses bras et lui prodigue de chastes baisers. Il s'agit d'un angélisme romantique. Tout désir « bestial » du héros serait déplacé.

Ces femmes victoriennes acceptent à contrecœur les rapports sexuels, à la condition qu'ils soient peu fréquents – en général, une fois par mois, voire une fois par semaine si la situation est désespérée, jamais durant leurs règles.

Nombre de leurs conjoints ont néanmoins le sentiment qu'il existe un accord tacite qui les autorise à satisfaire leurs pulsions sexuelles hors du foyer, dans le cas où ils devraient dépasser ce quota ou pour des « traitements spéciaux », c'est-à-dire des fantasmes qu'ils ne pourraient pas mettre en pratique avec la mère de leurs enfants. Pour ces « faveurs », la putain est tout indiquée, une relation passionnelle avec une maîtresse étant plus compliquée et dangereuse. Tous les couples qui fonctionnent sous ce régime sont prêts à se conformer à ce diktat. Victoria, femme respectable, maternelle, doit être asexuée comme sa mère, ses sœurs et ses filles. De telles femmes trouvent dans la *ménopause** et le vieillissement des raisons objectives et valables d'en finir avec le devoir conjugal qui leur a toujours paru ennuyeux et désagréable.

Quant à la réaction de Victoria ou des prostituées devant l'éjaculation précoce de Victor, elle est normale, puisqu'elle leur permet de se débarrasser rapidement de la corvée coïtale. Cependant, en écourtant ainsi les rapports sexuels, l'épouse légitime n'a plus du tout d'occasion de vivre des expériences érotiques positives.

Coda

Dans ce deuxième exemple, la femme frigide refuse de se plier encore au devoir conjugal, bien que son mari ait des besoins qu'elle doit satisfaire. Quant à l'homme victorien, il cherche dans les bras des professionnelles des plaisirs plus voluptueux que les embrassades de sa chaste épouse.

Couple 3 :
Jules et Julie

Julie, 48 ans, fiscaliste-comptable
Jules, 48 ans, industriel
Ensemble depuis vingt-cinq ans, un enfant

Description du couple

Ce couple, je le connais depuis longtemps. Je rapporterai ici les conversations, déroulées sur plusieurs années, que j'ai eues avec chacun des deux sur la sexualité. Grosso modo, dans leur vie de couple ils ont franchi quatre étapes chronologiques que j'appellerai successivement : « à la recherche du "vrai" orgasme », « les infidélités de Jules », « les petits calculs », « la revanche de Julie ».

Étape n° 1 : À la recherche du « vrai » orgasme

La vie sexuelle de Julie commence vers l'âge de 15 ans avec des masturbations épisodiques. Elle obtient rapidement des orgasmes clitoridiens. Avant de rencontrer Jules, elle a trois expériences de vie commune, sans toutefois connaître d'orgasme vaginal. Elle se met en ménage avec Jules quand tous deux ont 23 ans. Les débuts de leurs relations sexuelles sont prometteurs, du moins les deux premières années. Par la suite, la pénétration commence à l'ennuyer. Elle n'éprouve pas d'orgasme vaginal mais d'« agréables sensations » qu'elle complète par une masturbation, en son absence. Pourtant, très vite, Jules lui « met la pression » pour qu'elle obtienne enfin le « seul orgasme valable » pour une femme. Alors, pour lui faire plaisir et se débarrasser de cette pression, elle simule ! Ainsi, elle l'impressionne sans perdre la face, puisqu'une femme dite épanouie, dans leur milieu, ne peut jouir que du *vagin**.

Cependant, quelque temps après, se trouvant dans une impasse, elle ne sait pas comment avouer à Jules que ce coït l'exaspère. Au même moment, elle fait la connaissance d'une féministe engagée qui lui met en tête qu'il n'y a pas de quoi être fière de cette attitude de simulation. Évidemment, leurs discussions portent sur l'oppression que vivent les femmes dans la société patriarcale, tant individuellement que collectivement, et sur leurs revendications à définir elles-mêmes leur identité, leur sexualité et leur désir. Cette amie convainc Julie que les femmes se croient parfois obligées, par intérêt, de se soumettre sexuellement aux hommes et que la relation conjugale peut être assimilée à un viol du moment que la femme ne l'a pas vraiment désirée. Après de longues discussions, elles en concluent que la seule révolution sexuelle est celle qui donne aux femmes la liberté de ne pas faire ce qu'elles n'ont pas envie de faire. Stop à la violence sexuelle !

Quelques semaines plus tard, Julie fait son choix et décide de vivre la ligne dure du *féminisme** au lit comme partout, en se réservant le droit de dire non. Elle décrète que Jules ne pourra plus utiliser son corps comme bon lui semble, pour ses besoins à lui, sans tenir compte de ce qu'elle veut. Et pour mettre en pratique cette décision, quoi de mieux que d'annoncer à son cher mari qu'elle a toujours simulé l'orgasme ? Une fois que Julie a avoué à Jules sa supercherie, leur relation en souffre. Au début, leur sexualité s'espace, puis leur désir diminue, et enfin débutent les relations extraconjugales de Jules.

Étape n° 2 : Les infidélités de Jules

À la fin des années 1980, je me trouve à l'étranger pour un congrès. De bonne heure, un matin, au moment où je quitte ma chambre d'hôtel, je tombe nez à nez avec Jules et une femme – pas la sienne, une autre, que je connais aussi très bien. J'étais au courant du penchant pour l'adultère de Jules, grand séducteur, mais pas de celui de sa compagne. Dès que nos regards se croisent, sans me saluer, la femme agrippe le bras de son amant pour le tirer vers leur chambre. Quelques minutes plus tard, tandis que je prends mon petit déjeuner dans la salle à manger, Jules me rejoint. Il est tout penaud et, lorsqu'il bafouille quelques mots d'explication, je l'arrête d'un geste et lui dis qu'il n'a rien à craindre, que je ne raconterai rien ni à Julie ni au mari (encore une de mes connaissances) de sa petite amie. Il est très malsain de porter un jugement sur ce genre de situation ; ce sont des adultes consentants, ils font ce qui leur plaît.

Apparemment, mes propos ne le rassurent pas puisqu'il se sent obligé de me donner les raisons de leur présence ici. Tandis que je mange, il me fournit des explications que je ne lui ai pas demandées. Pendant plus de dix minutes, il argumente : c'est une femme superbe, belle à souhait, intelligente, compréhensive et, au lit, la grande déesse du sexe ! Jamais, de sa vie, il n'a si bien fait l'amour avec une femme, de la dynamite, une vraie nymphomane prête à satisfaire tous ses caprices. Ils ont eu chacun plus de cinq orgasmes pendant la nuit.

Au moment où Jules entre dans les détails techniques, je l'arrête pour lui poser de brèves questions : C'était bien ? Il a bien joui ? L'intensité de son orgasme était-elle élevée ? À chaque fois, il me répond par un « oui » enthousiaste.

À la fin, je lui dis : « Écoute, je ne peux que te féliciter de ta belle soirée et de la jouissance que tu en as retirée. Toutefois, je souhaite que la soirée ait été productive pour tout le monde... y compris Julie. J'espère que ta femme a trouvé un bon amant, qu'elle s'est envoyée en l'air et qu'elle a compté ses orgasmes sur les doigts des deux mains ! »

Silence total. Jules devient tout pâle. « Pourquoi es-tu si méchant avec moi ? Pourquoi me dis-tu cela ? » bégaie-t-il.

Je lui explique que, s'il se donne le droit de cette incartade, il n'y a pas de raison pour que sa femme ne puisse pas en faire autant. Sur ce, il me sort la réponse classique et banale : « Mais, ce n'est pas la même chose ! » Deux poids, deux mesures. Il poursuit : « Ce n'est pas pareil parce que, pour nous, les hommes, l'amour représente une chose différente. Quand on va coucher par-ci, par-là, c'est ludique. On ne s'attache pas à sa partenaire et, par la suite, on rentre sagement chez soi pour rejoindre son épouse. Pour la femme, c'est différent. Si elle couche avec un type, elle en tombe amoureuse et part avec lui. Je ne veux pas que Julie se tire avec le premier venu. »

Je lui demande alors combien de fois il a trompé sa femme. Il me raconte qu'il a commencé à aller voir ailleurs il y a trois ans et qu'il a connu cinq ou six femmes. Je rectifie : « Pas des femmes, des filles probablement. » Non, il s'agit bien de femmes, toutes mariées. Il choisit des personnes engagées pour avoir la certitude de ne pas recevoir chez lui des coups de fil intempestifs qui perturberont sa vie de famille. « Eh bien, ces six femmes mariées, ont-elles quitté leur mari pour te rejoindre ? » demandé-je. Bien sûr que non. Je continue : « Alors, si ces six femmes mariées adultères ne quittent pas leur mari, pourquoi veux-tu que la tienne se taille avec le premier venu ? » Il sort de table sans plus m'adresser la parole.

Par la suite, pendant plusieurs années encore, j'ai eu l'opportunité de discuter de sexualité aussi bien avec Jules qu'avec son épouse. Il ne m'a jamais rapporté l'histoire de Julie simulant un orgasme – s'il l'avait fait, son orgueil en aurait pris un coup. Si mes calculs sont bons, sa première infidélité est postérieure aux aveux de Julie. J'ai plusieurs fois interrogé Jules sur les raisons de ses infidélités répétées. La réponse a été variable selon les périodes de sa vie. Quelque temps après notre rencontre à l'hôtel, il m'a parlé du comportement sexuel de Julie. Si la plupart des hommes évoquent facilement leurs relations sexuelles avec d'autres femmes que leur conjointe, ils sont le plus souvent réservés sur leurs ébats avec celle-ci. Jules, lui, ne paraît pas dérangé. Il prétend que sa femme est une grande experte en fellation et qu'elle aime prendre toutes les positions sauf une, la *levrette**... Dès que Jules la met dans cette position, hop ! une pirouette et elle se tourne sur le côté ou sur le dos. Lui, pour s'amuser, la retourne de nouveau. Nouvelle pirouette. Encore et encore. À cette époque, quand il parlait de sa femme, il l'appelait « la toupie » !

La première raison qu'invoque donc Jules pour expliquer ses incartades, c'est la question de la position. Puis son discours change et il s'agit du « besoin » de l'homme d'aller voir ailleurs. Pourquoi ? Parce que, justement, il se pose des questions sur ses capacités de mâle ! Est-il encore capable de draguer les femmes ? De leur procurer maints orgasmes ? Il « doit » tester son pouvoir de séduction... « Je le fais pour me rassurer », dit-il. En réalité, il ne cherche qu'à se conforter dans sa capacité de séduction : on me désire, donc j'existe ! Il ne va pas chez les prostituées, d'abord parce qu'en l'occurrence il n'y a pas cette relation de conquête, et parce qu'il ne les trouve pas érotiques.

Un jour, je l'ai nargué : « Tu veux te prouver que tu as du pouvoir sur les femmes. Tu expérimentes. Et tu réussis, puisque tu as déjà eu plusieurs relations. Donc, tu es désirable. Bon, une fois, deux fois, cinq fois... Combien encore ? Tu veux arriver à cinquante ou cent, pour enfin comprendre que tu plais aux femmes ? » Jules s'est bien amusé ce jour-là de mes remarques.

Par la suite, il a prétexté le manque de désir de Julie. Quelque temps après, il lui a donné un nouveau surnom : « antenne parabolique », parce qu'au moment de l'acte sexuel, la concentration de Julie était nulle et que tout lui était bon pour s'arrêter en plein milieu. Un bruit dans la pièce voisine, le son d'un klaxon dans la rue, son odeur à lui, trop de lumière autour d'eux... Ou même, quand les parasites ne proviennent pas de l'extérieur, des idées qui surgissent à l'improviste, des fixations – par exemple, qu'elle a oublié de faire le repassage...

Étape n° 3 : Les petits calculs

Il y a de cela cinq ans, Julie a appris la double vie que menait son mari. Œil pour œil, dent pour dent, elle a utilisé l'arme de l'infidélité pour tester sa réaction. J'ai assisté un jour à une de leurs mémorables disputes. Elle lui a dit qu'elle en avait marre de lui et qu'elle irait voir ailleurs. Lui s'est moqué d'elle en ma présence : « Ha, ha ! J'espère que le type qui couchera avec toi apportera des cartes à jouer. Parce qu'avec toi dans un lit, on ne peut rien faire d'autre. » Puis, se retournant vers moi, il a ajouté qu'elle était nulle pour faire l'amour, que c'était une *anorgasmique** patentée ! C'était la première fois qu'il faisait une remarque désobligeante devant une tierce personne, même si j'étais un professionnel du sujet. Évidemment, Julie n'a pas apprécié.

Je ne sais si elle est passée à l'acte, mais cette menace d'infidélité a calmé un peu les élans de Jules. Puis, progressivement, ils ont renoué pendant un temps, mais ce n'était plus comme aux débuts de leur vie commune. Julie a pris l'habitude d'être très exigeante avec Jules. Déformation professionnelle, elle comptabilisait tout. « Je te donne, tu me donnes. » Elle monnayait ses services, se donnait ou se refusait à lui, selon qu'elle voulait le récompenser ou le punir. C'est toujours lui qui faisait les avances, elle ne considérait l'acte sexuel que pour exercer son autorité sur lui.

Étape n° 4 : La revanche de Julie

C'est bien connu, la revanche est un plat qui se mange froid. Récemment, Jules a eu des ennuis de santé qui se sont répercutés sur ses fonctions érectiles. De plus, sa libido en a pris un coup. Par contre, celle de Julie a suivi la pente ascendante. Voici ce qu'elle a dit devant son mari à un couple d'amis (*dixit* Jules) : « Moi, le sexe, j'adore. Je suis nymphomane. Malheureusement, mon mari ne suit pas. Je lui fais des avances, rien. Je fais du strip-tease, rien. Je ne sais plus à quel saint me vouer pour l'exciter encore. »

Commentaires

Ce couple à la dérive n'a pas d'*intimité**. Leurs agressions mutuelles se font devant témoins, une attitude très destructrice pour les liens affectifs.

Quand une relation dégénère, la méchanceté ne connaît aucune limite. Les personnes sont poussées par la rancœur et le désir de se venger, mais aussi par le besoin de justifier leur propre absence de désir et de se convaincre de leur absence de responsabilité dans les déboires sexuels du couple. Dans cette lutte de pouvoir, Julie passe d'un sadisme passif (se refuser) à un sadisme actif (humilier Jules devant des amis).

Julie fait partie de ces amantes très ponctuelles qui éprouvent du plaisir dans les relations sexuelles au début, mais qui considèrent ensuite l'acte sexuel trop mécanique et essaient de l'éviter. Au début, la sexualité est vue comme un moyen de *communication** avec le partenaire : elle raffermit la relation, apporte tendresse et sécurité. Cependant, quand le vagin n'est pas *érotisé**, sensibilisé, la plupart des femmes – comme Julie – rejettent assez vite la sexualité. De plus, ayant une fréquence sexuelle faible, elles n'entretiennent pas leur libido, entrent dans un cercle vicieux et font tout pour diminuer les occasions de rapprochement, les touchers érotiques et l'acte sexuel. Dans une étude récente menée par des chercheurs de l'université allemande de Hambourg-Eppendorf[3], effectuée sur près de 500 couples, il ressort que l'envie d'entretenir des relations sexuelles régulières baisse de 50 % chez les jeunes femmes de 30 ans après quatre ans de vie de couple. *A contrario*, pour les hommes, il en va tout autrement : leur appétit sexuel ne diminue pas ou qu'à peine, même après quarante ans de mariage.

La simulation de l'orgasme induit un malentendu entre les partenaires, mais aussi entre la femme et son propre corps. Pour elle, la frustration, c'est le fait de ne pas être à la hauteur, ne pas être aussi bonne et performante que les autres femmes pour éprouver cet orgasme. De plus, elle en veut à cet homme de ne pas détecter sa supercherie, de ne pas pouvoir capter ses véritables sentiments. Pour Jules, le sentiment d'être trompé est blessant dans son orgueil de mâle. Il n'a pas su être l'expert, l'homme habile qui procure des orgasmes à sa femme.

Coda

En voyant ce couple à la dérive, on se demande pourquoi ils restent encore ensemble. Ont-ils peur du qu'en-dira-t-on ? Ou est-ce pour éviter d'affronter l'inconnu et l'insécurité ?

Couple 4 :
Michel et Michaëla

Michaëla, 59 ans, enseignante
Michel, 62 ans, scientifique
Vie commune depuis trente ans, deux enfants

Description du couple

Voilà un couple modèle pour tout son entourage. Michel et Michaëla sont gentils, doux, de compagnie agréable. Je ne les ai jamais vus se disputer, du moins en public. Avec leurs amis, ils ne parlent pas sexe, ils sont trop pudiques pour cela. Je ne connaissais rien de leur vie intime jusqu'au moment où j'ai dû intervenir après avoir rencontré dans la rue Michaëla avec un œil au beurre noir. Elle m'a avoué que Michel l'avait frappée, elle n'en connaissait pas la raison. Une petite dispute pour une broutille, et voilà que le coup est parti. C'était la première fois, depuis trente ans de vie commune, qu'il avait levé la main sur elle.

Je suis immédiatement allé trouver Michel pour comprendre ce qui s'était passé. Il m'a dit regretter son acte et a argumenté en m'apprenant que Michaëla se refusait totalement à lui depuis plus de trois ans. N'étant pas coureur de jupons, il n'avait pas l'habitude d'aller voir ailleurs. Lui, qui se masturbait souvent, a remarqué que, ces derniers temps, même ça, il n'en avait plus envie. Scientifique et bon statisticien, un beau matin, il s'est mis à compter le nombre de relations sexuelles qu'il avait eues avec sa femme en trente ans de vie commune. Quel choc quand il a constaté qu'il n'arrivait qu'à 500 ! Cinq cents fois en trente ans, pour un homme ayant une libido élevée comme lui ! À son âge ! Quand il pensait à des amis de dix ans plus âgés qui avaient des relations sexuelles deux à trois fois par semaine, il en devenait fou. Alors, il a pris la décision de remédier à cette situation. Par Internet, il a trouvé une professionnelle et, sans aucun remords, est allé à sa rencontre. « C'est la première fois que je trompe ma femme, mais je m'en fous », s'est-il dit en se rendant chez la call-girl. Sur place, catastrophe ! Il n'a pas eu d'érection ! Honteux, il est rentré dare-dare chez lui. Sur le chemin du retour, dans sa voiture, il maugréait : « Je ne bande plus. Je suis un impuissant. C'est à cause de Michaëla. Pendant tant d'années elle s'est refusée à moi, elle m'a castré ! » Il est rentré chez lui, et on connaît la suite.

À partir de ce jour-là, j'ai eu l'occasion de discuter plusieurs fois avec Michel et Michaëla de leur vie intime. À certains signes extérieurs, j'avais déjà remarqué qu'un malaise existait dans ce couple, mais je ne m'étais jamais immiscé dans leur relation puisqu'ils ne me l'avaient pas demandé. Je me rappelle que, quand leurs enfants étaient petits, Michaëla avait l'habitude de les prendre la nuit dans leur lit. D'autres exemples me viennent à l'esprit : chaque fois qu'elle posait la main sur l'épaule de Michel, par exemple, il la repoussait sous prétexte que son bras était très lourd. Quand un homme se retire chaque fois que sa conjointe le touche en public, ou bien quand une femme dit : « Maintenant, nous faisons lit à part parce que mon mari ronfle », il y a anguille sous roche, c'est le signe d'un profond désaccord.

Michel aime sa femme, mais ne trouve pas de réciprocité en elle. Il se sent rejeté. Elle ne prend jamais l'initiative de faire l'amour, c'est toujours lui qui doit faire le premier pas... ce qui se termine, en général, par un rejet. Tout en se plaignant de l'attitude de Michaëla, il me fait un récapitulatif de leur vie sexuelle. Michel pense avoir bien analysé l'attitude de sa femme : « C'est une grande passionnée. Pour elle, la vie sentimentale ne mérite d'être vécue que s'il y a passion. Les trois premiers mois de notre vie commune, elle s'adonnait avec joie à la sexualité. C'était le plus beau moment de ma vie. Mais, une fois la passion éteinte, ses émotions ont disparu et la sexualité n'a plus eu sa raison d'exister. »

Puis il réfléchit et enchaîne : « Le miroir. Ah ! ce miroir, il nous a joué des tours, celui-là ! » Il me demande comment je trouve sa femme, physiquement parlant. Je lui avoue qu'elle est très belle, maintenant, et qu'elle l'était aussi plus jeune. Satisfait de ma réponse, il me décrit alors, en gestes et en paroles, une scène. Il me demande d'imaginer Michaëla nue devant un grand miroir et lui, juste derrière elle, la complimentant sur sa beauté. Il me détaille ensuite les réactions de sa femme, à l'époque où elle avait 30 ans : « Mais non, voyons, mon chéri. Tu ne vois pas ? Mes seins sont trop gros, ils sont lourds, et puis, ma cellulite. » À 35 ans : « Tu es aveugle ou quoi ? Vous, les hommes, vous ne voyez rien et ne comprenez rien, et mes hanches, tu ne les vois pas, comme un ballon de foot ? » À 40 ans, l'attention se porte davantage sur le visage : « Ouille ! regarde-moi ces rides sur le front et les poches sous les yeux. » À 50 ans : « Comment peux-tu encore bander en voyant ce visage et ce corps tout ridés ? Tu ne vois pas ces seins ? Ils sont affreux, ils tombent ! Ça devrait te dégoûter. » Et ce disque repasse à l'infini.

Michel a beau lui répéter qu'elle est belle, rien à faire. Elle prétend être laide, grosse et vieille. Après chaque séance devant le miroir, ils n'ont pas de relations sexuelles, bien évidemment. Michel, au bout de plusieurs années, fait le rapprochement : elle ne se trouve pas belle, résultat : elle ne se donne pas. Alors, puisque c'est ainsi, voilà, Michaëla est laide et vieille ! Le comble, c'est qu'il y croit. « Comment veux-tu que je trouve une femme belle si elle ne veut plus me faire l'amour ? » se défend-il. Réciproquement, toutes les autres femmes, avec lesquelles il n'a aucune relation, sont forcément belles et jeunes.

Un jour, n'en pouvant plus, après avoir bu, il a poussé Michaëla dans ses derniers retranchements pour qu'elle lui dise enfin ce qui n'allait pas et ce qu'il devait faire pour qu'il y ait enfin du sexe dans leur vie de couple. Se libérant, elle lui a sorti d'un trait : « Ta queue est sans arrêt au garde-à-vous ! Dans le lit, tu la frottes constamment sur moi. Tu n'arrêtes pas de me tripoter. Quand je dis non, tu te masturbes devant moi, croyant que je vais m'apitoyer sur ton sort et participer à ton plaisir. Chez moi, ça ne marche pas comme cela. Ce n'est pas de l'amour, mais du harcèlement sexuel. Si je n'ai pas de désir, c'est parce que je suis importunée du matin au soir ; tu n'attends pas que le désir monte en moi ; tu ne me laisses pas le temps de désirer. »

Lorsqu'il lui a demandé ce qu'elle suggérait, elle a répondu : « Arrête d'abord de m'asticoter sans cesse. Après, mon désir augmentera, et finalement c'est moi qui initierai une relation sexuelle. » Curieux, je lui demande ce qui s'est passé ensuite. « J'ai suivi ses instructions à la lettre, me raconte-t-il en souriant. J'ai attendu une semaine. Elle n'est pas venue. Je me suis dit : c'est peut-être trop tôt. La deuxième semaine, rien. Un mois, deux mois, le troisième mois, toujours rien. Que dois-je faire ? » Pour obtenir la réponse à cette question, il a organisé une nouvelle discussion avec sa femme et lui a demandé tout de go : « Combien de mois dois-je encore patienter ? » Après avoir souri, elle lui a répondu qu'elle n'était pas une machine. Pour qu'une femme se sente prête, il faut que l'homme soit gentil avec elle, pas seulement au lit, mais aussi toute la journée ; il doit être attentionné, lui donner des petits bisous. Là, elle se sentira aimée et se dirigera vers lui ou réagira plus favorablement à ses avances.

Apparemment, la réponse de Michaëla était réfléchie. Mais, par la suite, Michel s'est rendu compte que, chaque fois qu'il lui faisait un baiser pendant la journée, elle se rétractait et rétorquait : « C'est pour me baiser ce soir que tu fais le gentil ! »

D'après Michel, sa femme possède un don unique pour se trouver des excuses afin de ne pas faire l'amour. Outre celles qu'il m'a déjà exposées, il en énumère d'autres, qu'elle a invoquées à différentes périodes de sa vie : la migraine, les grossesses, l'allaitement, les enfants, les devoirs scolaires de ces derniers, le ménage, le repas, la venue d'invités à la maison, la fatigue, etc. « Je me suis aussi toujours étonné de la rapidité avec laquelle elle se déshabille, le soir, avant d'aller se coucher ; elle enfile un pyjama et s'endort. Le temps que j'aille faire pipi, elle ronfle déjà ! Je suis sûr qu'elle ne dort pas. » Se coucher nue ? C'est hors de question, bien évidemment ; ça pourrait donner des idées à Michel. Dans le lit, été comme hiver, elle se couvre de haut en bas. Elle trouve dans le commerce des pyjamas avec pantalon et blouse à col fermé. Ainsi, il ne peut pas introduire ses mains baladeuses. Il est persuadé qu'elle ne l'aime pas.

Je veux avoir l'avis de Michaëla. Une pensée me taraude : Michel est-il un bon amant ? Sur ce sujet, elle n'a aucun doute. De par ses expériences antérieures, elle peut en juger : c'est un homme attentif au plaisir de la femme, sachant la mettre en situation érotique, allongeant les *préliminaires** comme il faut, sachant tenir jusqu'à l'orgasme de sa partenaire. Même si elle a des difficultés pour obtenir une jouissance vaginale, il sait s'occuper de son clitoris, attend son orgasme et vient ensuite. Le parfait amant. Mais voilà, si lui aime le sexe, ce n'est pas son cas à elle. Il a aussi la fâcheuse manie, dès le matin, d'annoncer ce qu'il attend le soir. Elle ne supporte pas ça. Elle est stressée toute la journée en imaginant qu'elle « passera à la casserole ». Elle sait que son mari a besoin de ça, mais elle n'est pas sa « chose ».

Le seul jour où nous avons l'occasion de parler à trois de leur sexualité, Michaëla s'emporte : « Ce n'est pas facile de vivre avec un obsédé sexuel. Il ne pense qu'à ça ! Dans la vie, il y a autre chose que le sexe. Je suis une bonne épouse, une très bonne mère aussi. Ni mes enfants ni lui n'ont manqué de quoi que ce soit. La maison est bien entretenue. Je travaille dur à l'extérieur. Quand ses amis professeurs viennent chez nous, ils sont tout étonnés de la réception que je leur offre, ils apprécient ma cuisine. Tout est parfait ! Je ne comprends pas pourquoi il n'est pas heureux avec ce qu'il a. Que veut-il encore ? » Michel crie : « Du sexe ! » Il s'énerve et sort, nous laissant seuls.

Une fois en tête à tête, Michaëla m'avoue, souriante, qu'elle est arrivée à ses fins : l'arrêt de toute relation sexuelle. Je lui rétorque que son calcul est dangereux. Elle y a déjà réfléchi. « Écoute, il y a plein de femmes autour de moi qui ont arrêté leur sexualité depuis belle lurette, m'explique-t-elle. Elles s'en portent très bien. Quant aux hommes, ils râlent un peu au début, mais plus tard ils rentrent dans le rang, leur désir s'estompe. Il faut juste de la patience. Les désirs du couple repartent sur d'autres bases et on vise d'autres horizons.

– À condition que l'homme reste avec son épouse ! rétorqué-je.

– Je prends ce risque », affirme-t-elle avec un sourire pour clore la discussion.

Commentaires

Dans ce couple, un cercle vicieux de chasseur-chassé est installé et aboutit à la violence. Celle-ci est inacceptable dans la vie conjugale. Je reviendrai plus loin sur les règles que doivent adopter les couples pour parvenir à une bonne entente.

Au début de la relation, l'amour de Michaëla est puissant, obsédant, passionnel. Pendant cette période, le désir sexuel est exacerbé. Malheureusement, la passion n'est pas éternelle. Très vite, la vie à deux se transforme en quotidien. Pour mener une vie de couple heureuse, la passion doit faire place à l'*amour**, comme sentiment positif dirigé vers l'autre dans sa totalité, comme dans son désir sexuel. Ce passage ne s'est pas réalisé chez Michaëla : plus de passion, plus de désir ! Elle ne prend jamais l'initiative des caresses. Dans le cas où c'est son mari qui vient vers elle, elle le repousse. Elle le traite d'obsédé sexuel parce qu'elle juge leurs rapports trop fréquents. Elle ne veut pas comprendre l'importance de la sexualité aux yeux de

Michel et n'avoue pas son manque de désir. Ayant peu d'attirance pour le sexe, elle reporte ses attentes sur ses enfants, sa famille et son activité professionnelle. Dans sa famille, le rôle de maman et de bonne épouse est reconnu et très gratifiant, et elle s'étonne que son mari ne la récompense pas du tout pour tous les services qu'elle lui rend. Alors, elle se venge en lui imposant par ses refus incessants une vie d'ascèse, ce qui l'exaspère. Les femmes, en général, connaissent les goûts et les désirs de leurs compagnons, elles savent toujours frapper là où ça fait mal (contrairement à Michel !), et attendent que l'homme baisse sa garde pour toucher juste.

Coda

Dans ce quatrième exemple, la femme, qui a une très mauvaise image d'elle-même, répète qu'elle ne se trouve pas belle ; ainsi, elle n'arrive pas à érotiser suffisamment son corps et invente toutes sortes d'excuses pour se passer de relations intimes. L'homme, qui subit ses refus, se sent rejeté et mal aimé. De plus, obnubilé par son désir sexuel, il n'arrive pas à apprécier à leur juste valeur tous les efforts que sa femme fournit pour maintenir une vie de famille agréable.

Couple 5 :
Pascal et Pascaline

Pascaline, 46 ans, avocate
Pascal, 44 ans, avocat
Ensemble depuis dix-huit ans, un enfant

Description du couple

J'ai eu des rencontres sporadiques avec Pascal et Pascaline. Je les ai vus quelquefois ensemble, d'autres fois séparément – la discussion est allée encore plus loin – et ils m'ont raconté l'histoire de leur vie sexuelle.

À 26 ans, Pascaline est stagiaire dans un cabinet d'avocats. Elle vit depuis deux ans avec un bel homme du genre macho. Leur vie de couple se déroule avec des hauts et des bas : les hauts dans le lit, les bas en dehors. Leur relation est fondée sur le sexe. Pascaline refuse de se marier avec lui parce qu'elle pense qu'elle n'est pas en présence de l'homme de sa vie. Il n'a pas les aptitudes qu'elle cherche chez son futur époux. Elle aime le sexe, pense qu'elle ne peut pas s'en passer et est convaincue d'être une très bonne amante. Elle attache beaucoup d'importance à la technique sexuelle. Elle est active, très exigeante sur ce qu'elle reçoit et très appliquée dans ce qu'elle donne. Quant aux fantaisies sexuelles, son approche est plutôt originale et cohérente : les hommes sont des insatisfaits sexuels permanents, plus vous leur en donnez, plus ils en demandent, tout et trop rapidement ; il faut tempérer leurs ardeurs et s'offrir lentement, sans se presser, sinon ils sont capables en très peu de temps de vous conduire à toutes sortes de déviances et de perversions. Son copain voulait l'emmener dans un club échangiste ; elle a refusé en lui faisant comprendre que, la première année de leur relation, il avait déjà eu droit à plusieurs « extras » et qu'il lui faudrait attendre encore longtemps avant de se lancer dans l'*échangisme** ! De toute façon, elle pense que l'amour en groupe n'est pas son truc.

À la même époque, Pascaline se rend seule à une soirée dansante de sa promotion de juristes. Là, elle retrouve Pascal, qui était premier de sa classe. Celui-ci prépare un master aux États-Unis depuis deux ans et est de passage pour quelques jours en Europe ; il en profite pour assister à cette soirée afin de retrouver des camarades qu'il n'a pas revus depuis la fin de leurs études. Pascal est un homme qui attire l'attention. Il parle avec aisance et raconte avec enthousiasme sa vie outre-Atlantique. Pascaline, qui était déjà en admiration devant lui des années auparavant, n'a d'yeux que pour lui. Voilà l'homme idéal, père de ses futurs enfants. Génétiquement parlant, il est parfait. Même s'il est entouré par des rivales durant la soirée, elle se met en valeur pour capter son attention. Sa technique de séduction fonctionne bien puisqu'elle réussit à déjeuner avec lui tous les jours de la semaine. La veille du départ de Pascal, elle s'arrange pour passer deux heures avec lui dans une chambre d'hôtel et lui montrer ses « aptitudes ». Il tombe sous le charme et lui promet de la revoir à chaque voyage.

Pendant plus d'un an, ils se rencontrent ainsi à trois ou quatre occasions et, à la dernière, se promettent de se marier dès le retour définitif de Pascal. À chaque escapade à l'hôtel, ils font l'amour et, en général, c'est Pascaline qui initie l'acte. Elle prend beaucoup de plaisir à se donner à ce type « brillant et intelligent », les deux critères primordiaux qu'elle cherche chez un homme. Cependant, sexuellement parlant, elle le trouve assez immature et de surcroît éjaculateur précoce, ce qui est dû, croit-elle, à ses longues périodes d'abstinence sexuelle lors de son séjour aux États-Unis. Qu'importe, elle est là pour le former et le dévergonder. Étant la plus entreprenante, c'est elle qui mène la danse.

Pascal et Pascaline se marient, s'installent ensemble dans un petit appartement. Pascal a déjà en vue un travail. Pendant la dernière année de son séjour à l'étranger, il a été en contact permanent avec un confrère, directeur d'un grand cabinet d'avocats. Celui-ci, très intéressé par la spécialisation de Pascal, ébloui par son

CV, a tout fait pour l'attirer en lui promettant monts et merveilles à chaque conversation téléphonique. Cependant, le jour de l'embauche, l'entrevue avec le patron prend une tout autre allure. Ce dernier sous-entend que ce n'est pas lui qui, au cours de toutes ces années, a relancé Pascal, mais que c'est Pascal qui insistait pour rejoindre son équipe. Et lui, le directeur, homme magnanime, consent à engager le jeune homme dans son bureau où la concurrence est rude, tout en répétant que la place n'est pas gagnée d'avance et qu'il devra faire beaucoup d'efforts pour s'y maintenir et mériter de faire partie d'une équipe aussi prestigieuse. Les maîtres mots du chef sont : obéissance, discipline, disponibilité, sacrifice et, bien sûr, labeur, dur labeur. Le ton est donné. Leur relation se poursuivra dans une subordination extrême.

Pascal n'a pas le choix, il se donne corps et âme à son travail. Il rentre fatigué chez lui, et encore surchargé de travail. Déjà qu'il n'a pas une forte libido, ses relations sexuelles avec Pascaline s'espacent encore davantage. Néanmoins, celle-ci tombe rapidement enceinte. Femme de caractère, elle arrive à bien mener son existence sur trois fronts : sa vie professionnelle, privée et sa grossesse. Sans oublier son mari qui a la vie dure au boulot. Comme si l'effort surhumain qu'il exige de ses employés n'était pas suffisant, le directeur ne rate pas une occasion d'humilier Pascal, le plus diplômé de ses adjoints. Celui-ci, au lieu de confier ses soucis à un ami, les rapporte à son épouse, croyant ainsi améliorer la communication et l'intimité de son couple. Plus il se fait harceler par son patron, plus il vient s'en plaindre à sa femme, au point d'en pleurer parfois. Pascaline, qui avait placé son mari sur un piédestal, voit lentement la belle statue s'effriter puis se fracasser. L'amour disparaît, il laisse place à l'amertume. Son mari ne correspond plus à ce qu'elle attendait de lui. Il n'a plus les qualités d'intelligence auxquelles elle est le plus sensible. Il a cessé d'incarner ce qui lui semblait désirable. Il s'agit d'une perte d'amour, d'une perte des illusions, d'une déception face à l'idéal recherché, à l'homme rêvé. Ce vide suffit à empêcher chez elle le déroulement normal de la fonction sexuelle. Elle, pourtant si entreprenante au début de leur relation, espace spontanément leurs rapports et interdit la petite fantaisie qu'elle se permettait avec lui, c'est-à-dire la fellation. Elle ne peut pas faire ça... à un bon à rien ! Elle se contente de se masturber quotidiennement. Quand il vient vers elle – ce qui est rare –, elle a l'impression de n'être qu'un « étui à pénis ». Alors, elle lui fait comprendre qu'il doit se contenter du strict minimum, une à deux relations par mois.

Elle m'avoue un jour qu'elle n'a pas attendu longtemps pour aller voir ailleurs et nouer quelques liaisons fugaces. Cependant, ne connaissant pas ma position sur l'adultère, elle se sent obligée d'argumenter : « J'ai besoin de sentir auprès de moi un homme valeureux qui éprouve quelque chose pour moi quand je lui fais l'amour. Le fait de me savoir désirée en tant que personne est très important. L'homme ne doit pas seulement me séduire et m'amener dans un lit, mais là il doit me prouver que j'ai de la valeur à ses yeux. Durant ma vie, je n'ai connu que très peu d'hommes qui ont compris ce message. Maintenant, je suis depuis plus de cinq ans avec un tel homme. C'est un monsieur très brillant dans sa vie professionnelle. Étant tous les deux mariés, nous nous voyons rarement. Mais, question technique, il sait s'y prendre, et c'est la cerise sur le gâteau de notre relation », rapporte-t-elle. Elle se sent très bien avec son amant ; avec lui tout est permis. Elle peut tout lui donner puisqu'il s'agit d'un homme admirable.

J'ai récemment rencontré Pascal. Il a quitté son emploi depuis deux ans et travaille comme consultant dans une grande entreprise. Il assume moins de responsabilités, rentre plus tôt à la maison tout en gagnant sa vie aussi bien qu'auparavant. « Je suis enfin un homme heureux », dit-il. Il est toujours avec Pascaline, il a besoin d'elle, c'est une personne solide qui l'accompagne dans les vicissitudes de l'existence et peu importe que le sexe entre eux soit passé au second plan : le couple s'entend mieux. Pascaline apprécie le changement professionnel de son mari. Il est plus calme, moins nerveux, et la vie au foyer est beaucoup plus paisible. Côté sexe, il se contente de leurs deux à trois rapports par mois. « On n'en parle jamais, mais je suis au courant de la relation extraconjugale de ma femme. N'étant pas un grand demandeur de sexe, je ne suis pas capable de la satisfaire. Du moment qu'elle me revient tous les soirs, je n'y vois pas d'inconvénient », avoue-t-il.

Commentaires

Même chez une femme intelligente et émancipée, on remarque que la réaction sexuelle dépend des sentiments d'admiration, de tendresse que lui inspire son partenaire et de la bonne opinion qu'elle a de lui. Lorsqu'une femme juge son amant faible, apathique, passif, sans caractère, se laissant marcher sur les pieds (par les autres, non par elle), si parfaites que soient son anatomie, son intelligence, elle a des difficultés à réagir à ses caresses. Quand elle le méprise, son intérêt érotique s'en trouve automatiquement diminué. Sans rapports affectifs et émotionnels, l'amour physique n'a aucun intérêt pour une femme. Il n'est pas nécessaire pour autant que la femme soit profondément amoureuse de l'homme avec lequel elle couche, mais il doit y avoir entre eux un minimum d'affection et, surtout, d'admiration. Et si, en sus, la relation sexuelle est de qualité, c'est le must !

Les relations extraconjugales ne sont plus l'apanage des hommes. Avec la dépénalisation de l'adultère, le droit à l'avortement et à la contraception, l'égalité dans le travail et l'indépendance financière, les femmes aussi ont obtenu le droit à la liberté en amour et dans le domaine de la sexualité. Elles sont capables, comme les hommes, d'instrumentaliser le sexe opposé, de l'utiliser, puis de le rejeter : en bref, de le consommer.

En refusant l'intimité et en donnant libre cours à sa rage envers son mari, Pascaline garde une distance physique maximale qui lui permet de n'avoir qu'un désir sexuel minimal ou de ne pas en avoir du tout. La femme adultère est souvent une femme émotionnellement insatisfaite dans son mariage, qui cherche la satisfaction sentimentale ailleurs.

Coda

Chez ce cinquième couple, la dépréciation de l'homme fait qu'il tombe de son piédestal. Ne voulant plus « donner » son corps à son mari, la femme cherche le bonheur dans les bras de son amant. En fait, dans ce ménage à trois, tout le monde trouve son compte.

Couple 6 :
Constant et Constance

Constance, 39 ans, psychologue, sexologue
Constant, 40 ans, économiste,
cadre supérieur dans une banque
Ensemble depuis seize ans, deux enfants

Description du couple

J'ai connu Constance lors d'un congrès de sexologie. Depuis, nous nous fréquentons régulièrement et discutons du traitement des troubles sexuels. Quand son mari est là, il oriente souvent la conversation sur la sexualité de son couple, parce qu'il aime bien avoir mon avis sur leur relation.

Lors de notre première rencontre, une chose m'a frappée chez Constant : le regard qu'il porte sur sa femme. Il la scrute sans cesse, de haut en bas, il n'arrête pas de la contempler, comme si face à lui se trouvait la plus belle femme du monde. Quand je lui en ai fait la remarque, il m'a répondu sans hésiter : « Mais c'est la plus belle femme du monde ! Pense ce que tu veux, pour moi elle est la plus belle. Dans la rue j'ai honte de le faire, mais à la maison je n'arrête pas de siffler derrière elle. C'est la femme que j'aime. Je suis éperdument amoureux d'elle. Je lui suis fidèle, non par obligation, à cause du serment que j'ai fait devant le curé, ou par peur d'être rongé de remords, mais par choix. On s'entend à merveille aussi bien dans la vie de tous les jours que sexuellement. Nous adorons faire l'amour. Encore maintenant, on le fait quasiment tous les jours. J'en retire une satisfaction sexuelle énorme. C'est elle qui me donne ce plaisir. Les orgasmes que j'ai avec elle, je ne les aurais sûrement pas avec une autre. Alors, regarder une autre femme... à quoi bon ? J'ai tout ce qu'il me faut à la maison. »

Même son de cloche de la part de Constance. Elle ne parle que de son bonheur et de sa vie sexuelle épanouie avec son homme. Elle souligne qu'actuellement leur niveau de désir sexuel est en phase. Pour maintenir une libido élevée, ils utilisent le meilleur aphrodisiaque : l'amour. Et quand la fatigue s'installe à la suite de journées harassantes, ils se stimulent avec du champagne ou avec un bon film *érotique**.

Et pourtant, dans leur histoire, les périodes de passage à vide ne manquent pas. Les débuts sont très prometteurs et le fait d'être amoureux l'un de l'autre, d'avoir en commun beaucoup de goûts, de partager la même philosophie de la vie, resserre leur intimité. Ainsi, leurs expériences affectives encouragent le rapprochement tout en impliquant un sentiment de confort, de sécurité et de tendresse dans la relation. À cette époque, ils font souvent l'amour, Constant lui répète sans cesse qu'elle est la plus belle et elle se trouve belle... jusqu'à ses deux maternités.

Les répercussions du changement d'image et de rôle qu'elles amènent alors ne se limitent pas au temps des grossesses et vont bien au-delà de la mise au monde. Elles se situent tant au niveau de la baisse du désir sexuel qu'au niveau de la peur, de la douleur physique ou des transformations du corps. Après les accouchements, qui se succèdent à seize mois d'intervalle, Constance pouponne et n'a plus envie de faire l'amour. Patient au départ, Constant s'énerve et insiste. Elle lui demande d'être patient. Préoccupée par les bouleversements que ces maternités introduisent dans sa vie, elle a besoin de se retrouver en tant que femme, de se retrouver dans son corps afin que le désir sexuel se manifeste. Au moment où il sent qu'elle est prête, Constant coupe en quelque sorte le cordon ombilical avec leur progéniture pour que sa Constance redevienne enfin une femme et non seulement une mère. L'intimité se réinstalle progressivement dans le couple et la confiance revient.

Seulement, quand ils reprennent leur activité sexuelle, Constance développe la fâcheuse habitude de vouloir éteindre la lumière. Chaque fois qu'elle se penche pour atteindre la lampe de chevet, à la seconde même Constant tend la main pour la rallumer. Il estime qu'il ne doit pas faire de concessions dans ce domaine.

Il ne baisse pas les bras et vient à bout de cette manie en quelques semaines.

Puis survient l'inévitable regard classique féminin devant le miroir :

Elle : Regarde, chéri, comme je suis grosse !

Lui : Mais non, voyons, tu n'es pas grosse du tout, ma chérie.

Elle : Tu as vu mes vergetures ? J'en ai plein.

Lui : Si tu crois que tes vergetures me dérangent, là, tu te trompes...

Quand ils vont à la mer, elle s'allonge à proximité de l'eau, pour ne pas avoir à traverser toute la plage et ne pas exposer aux regards son « gros ventre » et ses « larges fesses ». Pour les vergetures, elle porte un maillot de bain une pièce. D'ailleurs, elle estime qu'elle ne rentre plus dans ses bikinis.

Un peu de sport, un peu de régime, beaucoup d'encouragements et d'émerveillement de la part de son mari sont venus à bout, en l'espace de deux ans, de l'image négative que Constance avait de son corps. D'ailleurs, elle note la réaction immédiate de Constant chaque fois qu'elle se met nue devant lui. Elle n'a pas beaucoup maigri mais elle s'efforce de se regarder dans le miroir avec les yeux de son homme. Une fois cette étape franchie, il la pousse vers le naturisme, pensant que cela l'aidera à gagner confiance en soi. Même si, au début, elle n'est pas à l'aise, elle surmonte vite sa pudeur.

« Dans ma vie sexuelle, l'étape la plus difficile à atteindre a été d'obtenir un orgasme vaginal », avoue-t-elle. Étant clitoridienne, elle avait l'habitude de porter sa main entre les jambes pendant le coït. Elle a dû faire beaucoup d'efforts pour arrêter de se caresser le clitoris juste avant l'orgasme. Mais ça ne venait pas. Alors, elle reprenait sa masturbation pour parvenir à jouir. Un jour, après beaucoup d'entraînement et de persévérance, le déclic s'est enfin produit. « J'y suis arrivée ! Il me semblait éprouver un embrasement qui m'envahissait, ça venait de loin, du fond de moi-même. L'orgasme a soulevé tout mon corps. J'ai senti une forte tension sur toute ma peau, des contractions déclenchant une série de spasmes dans le bas-ventre, avant que n'éclate dans ma tête un véritable feu d'artifice. » Depuis ce jour, elle ressent souvent des orgasmes multiples, parfois clitoridiens, souvent vaginaux.

Constance accepte bien son corps mais elle estime qu'il lui reste une étape à franchir pour atteindre la pleine maturité sexuelle. Quelque chose la dérange encore. Elle est sur le point de se lancer dans une explication, lorsque son mari lui coupe la parole : « Il y a une position que Constance déteste ! » Et de mimer, de façon suggestive et plaisante, la position du missionnaire. Je m'étonne : « Mais c'est hyper classique ! » Il continue à mimer la scène : il a pénétré sa femme, il va et vient en elle, son regard descend vers le lieu de l'action. Il m'explique : « Tu vois, là, je lui soulève les jambes en la prenant par le creux des genoux. La pénétration est meilleure et JE VOIS. Comme je souris, elle réagit et me fait une remarque : "Alors, ce sont les bourrelets de mon ventre qui te font rire ?" Elle se trompe, j'en perds mon érection. Elle en rajoute : "Tu vois, je suis si moche que maintenant tu débandes !" Comment peut-elle ne pas comprendre que c'est la beauté de notre échange que j'admirais ? » Nous rions et sommes émus à la fois, il a si bien décrit la scène !

J'essaye d'expliquer à Constance que, si les hommes ne sont pas des lumières, il ne faut pas les prendre pour des imbéciles. Je n'en connais aucun qui, pendant la pénétration, observe les différentes parties du corps de sa compagne (une activité normale puisque le visuel joue un grand rôle dans la sexualité du mâle humain) pour coller son regard précisément à l'endroit qu'il ne trouve pas beau. Au contraire, il fixe son regard sur les parties érotiques du corps de sa partenaire. Constance accepte notre argumentation, promet qu'elle travaillera cet aspect du problème et espère que, d'ici peu, elle pourra se concentrer sur son plaisir lors du missionnaire.

Commentaires

Toute sexologue qu'elle soit, Constance n'arrive pas encore à se trouver désirable. Cependant, voilà un couple qui possède une *intelligence* sexuelle*. Tous deux sont à l'écoute l'un de l'autre, s'aiment et ont pu créer une bonne relation. En cas de problèmes, ils arrivent à les surmonter avec patience. Leur intimité implique une capacité à s'abandonner physiquement et psychiquement sans avoir peur de perdre le contrôle de soi.

Certes, pour la femme, la maternité est un événement capital, et son désir sexuel en est souvent affecté. On passe d'une relation à deux à une relation à trois, difficulté marquée par le surinvestissement de l'enfant que les sentiments maternels appellent à protéger... au détriment des capacités libidinales érotiques. Redécouvrir son corps est une étape primordiale qui permet à la femme de donner elle-même un sens à son désir sexuel. Bien évidemment, dans ce processus, le soutien du partenaire est indispensable.

Mises à part les périodes de crise que la vie peut nous apporter, une femme doit être positive envers elle-même pour prendre conscience de son potentiel et de ses capacités. De plus, en acceptant d'être limitée, imparfaite et vulnérable, loin de l'image des canons esthétiques véhiculée par les médias, elle prendra confiance en elle et sera satisfaite de sa vie sexuelle. Elle doit savoir que ni la corpulence, ni les quelques kilos en trop n'affectent tellement son compagnon (ni la majorité des hommes, en général), ni l'âge, ni les rides, d'ailleurs. C'est plutôt cette course effrénée à l'esthétique, la non-acceptation des changements physiques qui troublent ces derniers. Pour la femme, le plus gros effort consiste à se trouver désirable. L'homme ne demande pas à sa conjointe d'avoir le corps d'une Monica Bellucci, il lui demande de se trouver désirable et de lui offrir, à lui, son corps afin qu'il puisse lui faire l'amour souvent et lui procurer du plaisir. La femme qui a compris ce message est vite récompensée : elle gardera son homme pour toujours auprès d'elle !

Coda

Ce sixième couple, où amour, intimité et confiance sont les mots qui reviennent comme un leitmotiv, s'investit dans la relation pour une sexualité plus épanouie. Étant sexologue, Constance désire arriver le plus vite possible à la maturité sexuelle (voir le chapitre 2).

Couple 7 :
Alexandre et Alexandra

Alexandra, 54 ans,
chef d'un département de ressources humaines
Alexandre, 55 ans,
ingénieur dans la même société que son épouse
Ensemble depuis douze ans,
famille recomposée, chacun a deux enfants

Description du couple

Un jour, dans une réunion privée, j'entends un couple parler de sexe de façon très décontractée. Je me tais et j'écoute. Puis, avant de partir, je les aborde, leur décris mon métier et leur explique que je m'intéresse aussi bien aux couples qui consultent en sexologie qu'à ceux qui n'en éprouvent pas le besoin. Je demande à les revoir et à discuter, si possible, de leur relation. Ils acceptent avec enthousiasme et nous organisons quelques rendez-vous. Je résume ici ce qu'ils m'ont raconté lors de ces rencontres.

Fille d'une famille nombreuse et catholique pratiquante, Alexandra a découvert le plaisir solitaire dès son adolescence, malgré une éducation sévère. Plus c'était défendu, plus elle s'y adonnait. Elle est du genre rebelle. Pour elle, les interdits sont là pour qu'on les enfreigne. Elle est de la génération de 1968 ; le sexe a toujours fait partie de sa vie. Côté satisfaction, c'est autre chose. Néanmoins, la masturbation venait à son secours. « Si je n'obtenais pas mon orgasme quotidien, j'étais déprimée, malheureuse, à prendre avec des pincettes », se souvient-elle.

À 24 ans, elle épouse un homme plus âgé avec lequel elle a deux enfants. Malgré son travail et ses enfants, elle passe beaucoup de temps avec son époux. Malheureusement, ce dernier meurt dans un accident de voiture. À 30 ans, elle se retrouve veuve. Elle garde un bon souvenir de cet homme et se rend compte, *a posteriori*, qu'il était un excellent amant. Il lui procurait beaucoup de plaisir, attendait qu'elle ait son orgasme clitoridien pour venir ensuite.

Par la suite, les hommes qu'elle fréquente ne sont pas à la hauteur. En douze ans, elle en rencontre plusieurs avec lesquels elle a une aventure éphémère. En général, ils prennent leurs jambes à leur cou en découvrant qu'elle est mère de famille. C'est une période où elle éprouve un grand besoin d'affection : elle voudrait un compagnon auprès d'elle avec qui avoir une conversation d'adultes ; et puis, les rares hommes qui restent ont la fâcheuse manie de tirer leur coup et de s'endormir ensuite, sans se soucier d'elle. Son activité masturbatoire soutenue ne suffit plus à la rendre heureuse. À cette époque, l'idée qu'elle se fait d'une relation amoureuse se dégrade, et le sexe lui semble être « beaucoup de bruit pour pas grand-chose ». En somme, parce qu'elle n'a pas trouvé la félicité sexuelle dans les bras d'un bon amant, Alexandra proclame avec arrogance que cela n'existe pas, sinon dans la littérature.

Plus tard, ne voulant pas déprimer, elle change de tactique. Elle n'attend plus que les hommes viennent à elle, elle prend les devants en multipliant les expériences. Même si dans son entourage on la montre rapidement du doigt comme une nymphomane et on la dévalorise, elle persévère. Dotée de l'arme absolue, la pilule, elle essaye de découvrir son capital érotique et de faire œuvre de créativité dans ce domaine. Cependant, face à elle, certains hommes prennent peur. Ils préfèrent l'abstinence au risque d'une humiliation. Sauf Alexandre. Enfin, à 42 ans, Alexandra rencontre l'homme de sa vie.

Lui, divorcé de sa première épouse pour cause d'absence de relations sexuelles, ne se considère pas pour autant comme un chaud lapin. Il prétend avoir une libido comme tout un chacun. C'est seulement en l'absence de sexe qu'il comprend la place que tiennent chez lui les ébats amoureux. La visualisation du plaisir féminin est le principal moteur de son désir sexuel. Il ne trouve pas stimulante une femme qui prend du plaisir sans l'extérioriser. Après son divorce, il a eu une dizaine de compagnes avec lesquelles il est resté plusieurs mois. « C'était chaque fois la même chose, raconte-t-il. Les deux, trois premiers mois la fréquence des relations était élevée, puis mes partenaires se lassaient, une fois la passion retombée. Alors là, on peut aller se masturber en cachette. Je me suis dit que, peut-être, cela se passerait mieux avec des femmes plus jeunes. Pendant un temps, je les ai choisies de 20 à 25 ans. Quelle déception ! Ça ne sait pas discuter, ça crie, ça gueule, pas de sexualité, aucune technique. Et au moment où je mettais mes performances sexuelles en doute, voilà que je rencontre Alexandra. » Cette dernière intervient alors dans la discussion pour soutenir qu'Alexandre est un très bon amant. Certes, le rôle de l'homme est important dans la sexualité de sa compagne, mais, souligne-t-elle, c'est surtout à celle-ci de se découvrir. La femme doit être capable de montrer à son partenaire ce qu'elle aime, ce qui lui donne du plaisir.

Alexandre et Alexandra sont ensemble depuis une douzaine d'années, et considèrent leur vie de couple parfaite. Ils se sont connus dans l'entreprise où ils travaillent tous deux. Depuis peu, n'ayant plus d'enfants à charge, ils s'investissent encore plus dans leur relation. Leurs maîtres mots sont amour, respect et communication. Ce qui est important pour eux, c'est d'avoir du temps, sans les enfants, sans les amis, pour se parler, seuls, dans l'intimité. Ils prennent leur bain ensemble, se savonnent le dos, se touchent, se caressent et, quand il ne fait pas froid dans la maison, se promènent nus. Pour suivre la télévision ou pour faire la lecture ensemble, ils ont acheté un canapé où ils s'installent en tenue d'Ève et d'Adam, enlacés, et se caressent pendant des heures. À leur avis, pour rester vraiment sains, il est indispensable d'être en contact physique, chair contre chair, pendant la plus grande partie de la journée. Ils ne se cachent pas pour me dire que la solidité de leur couple est avant tout fondée sur la sexualité. Pour les faire parler sur ce dernier point, il ne faut pas leur tirer les vers du nez : très à l'aise, ils discutent de sexe sans pudeur et n'ont pas peur d'utiliser des mots crus.

Alexandra prend la parole : « Alexandre est un amant magnifique ! Il aime vraiment les femmes. Il m'a appris à me connaître et à aimer mon corps. Grâce à lui, j'ai découvert que l'amour physique est un mode de communication, tout comme le langage, mais plus profond. Pour découvrir la sexualité, l'adresse de l'homme est importante, bien sûr, mais c'est surtout sa partenaire elle-même qui doit trouver son chemin. Si elle veut obtenir la félicité sexuelle, elle doit être d'esprit ouvert, avoir beaucoup de volonté et accepter de pratiquer la sexualité pour elle-même, pour son propre bien, et non pour faire plaisir à l'homme.

« La satisfaction sexuelle est plus grande encore si on est amoureux. Auparavant, lorsque je n'étais pas amoureuse, c'était une sensation physique. Quand l'amour est en jeu, il y a un équilibre entre le corps et l'esprit, ce qui m'amène à être confiante et à apprécier pleinement la vie. Et si, à l'amour, s'ajoute la bonne technique, on atteint alors le summum de la jouissance. Avec Alexandre, l'acte sexuel est une sorte de cérémonie religieuse dans laquelle il est Dieu tandis que je représente l'assemblée des fidèles. Dès le début, avec lui, j'ai aimé son corps, j'adorais le caresser. Il me pénétrait longuement et mon vagin, au bout de quelques mois, me semblait devenir plus sensible. Il m'a demandé d'arrêter de toucher mon clitoris. À partir de ce moment-là, je me suis mise à goûter des sensations nouvelles : la présence de son pénis que j'enveloppais de ma chair, que je sentais tout le long de mon vagin. Les sensations devenaient à la fois plus fines et plus fortes, je les savourais, même si elles ne débouchaient pas sur l'orgasme. Il m'a demandé de me relâcher et m'a fait comprendre que mon orgasme était à moi, que c'était moi qui devais le chercher, le produire et le diriger. Et un jour, je me suis mise à hurler. Quelle fabuleuse impression ! J'ai compris alors que l'orgasme est mécanique, indépendant de l'autre sexe. Qu'il vient de moi, de ma capacité d'abandon, de ma capacité à chercher le plaisir et à le suivre. »

Alexandra fait une pause et reprend : « Par la suite, j'ai éprouvé aussi l'orgasme anal. Je connais depuis cinq ans les différentes sortes d'orgasmes : le clitoridien, le vaginal et l'anal. Quoi qu'il en soit, qu'il y ait un ou différents orgasmes, il peut être subjectivement vécu de diverses façons : l'orgasme solitaire de la masturbation est bon ; celui, partagé, du coït est souvent plus gratifiant ; l'orgasme simultané n'est pas notre truc parce qu'Alexandre préfère que je vienne avant lui ; le mini-orgasme à peine ressenti de certains jours me satisfait ; quant au super-orgasme, qui se présente quelques fois par an, que je reçois au plus profond de moi-même, résonnant dans les espaces infinis de mon corps, celui-là… »

Tandis qu'elle rêve, son mari donne son point de vue : « J'ai besoin qu'on me renvoie une bonne image de moi. La reconnaissance de mon pouvoir de mâle me rassure. J'aime entendre que je suis bon amant. Quand Alexandra dit qu'aucun homme ne l'a fait jouir autant que moi, c'est merveilleux. J'aime lui faire l'amour. Je me donne à fond. Au début je suis romantique, mais je deviens assez vite agressif et passe aux mots crus. Cela m'excite et décuple mon plaisir. Heureusement, elle réagit favorablement à ce vocabulaire. Pour nourrir notre sexualité et notre désir, nous aimons innover, mettre du piquant, nous placer dans des contextes différents, inventer des scénarios originaux, porter des vêtements sexy, regarder un film érotique, utiliser des gadgets, nous servir de notre créativité pour sortir de la routine et amener de la variété. Nous parlons beaucoup de nos fantasmes réciproques. Nous en avons déjà mis certains en pratique. Nous aimons la pratique du sexe pour le sexe. Je crois que nous sommes matures sexuellement. »

Alexandra l'interrompt pour préciser : « Depuis peu seulement. Ce n'est que depuis un an ou deux que j'ai franchi certaines étapes. Le déclic s'est produit devant le miroir. En me regardant, je me suis dit un jour : Tu es désirable toi, tu es baisable ! Je ne supportais pas, jusqu'alors, d'être une femme-objet. Et pourquoi pas ? me suis-je dit ce jour-là. Être l'objet sexuel d'Alexandre ? Je ne trouvais rien de dégradant à cela. C'est l'homme que j'aime, j'ai entièrement confiance en lui. Je crois que c'est réciproque. Alors, je me suis sentie femme sexuée et sexuelle. J'ai commencé à exprimer par la parole et par le geste mon désir sexuel. Plus je le fais, plus j'estime être femme. En général, c'est moi qui prends l'initiative. Je le considère aussi comme un objet sexuel et je sais qu'il aime ça. Mon plaisir sexuel est actuellement au moins cinq fois supérieur à ce qu'il était il y a quelques années, et vingt fois meilleur que quand j'avais une vingtaine d'années. »

Lorsque je veux savoir s'ils préméditent leurs ébats amoureux, Alexandre et Alexandra me répondent en chœur : « C'est spontané ! »

« En général, nous commençons par nous caresser et nous embrasser, explique Alexandre. Puis c'est parti. À n'importe quelle heure de la journée, à n'importe quel endroit. Ça peut être sur le lit, la table, le canapé, les marches de l'escalier, la moquette, dans la cave, dans le jardin... Il n'y a pas de moment ni de place précise quand la libido est là ! »

Et quand elle n'y est pas ? « L'approche est difficile quand la libido est basse », murmure-t-il. Ils soutiennent tous deux que leur désir est régulé par la fréquence sexuelle. Quand ils font l'amour quatre à cinq fois par semaine, ils débutent l'acte très facilement, sans chichis, sans trop de préliminaires. Il suffit qu'ils se caressent, qu'ils se disent des mots, qu'ils se racontent des fantasmes, que l'un commence à se masturber devant l'autre, et ils sont immédiatement excités. Si, par contre, ils n'ont pas fait l'amour pendant quatre ou cinq jours, leur libido est moindre et l'approche devient difficile au sixième, ils ne savent pas comment s'y prendre, se comportent comme des adolescents. Au lieu du corps, c'est la tête qui fonctionne. Il y a de l'électricité dans l'air. Qui commence ? Où toucher ? Comment faire ? Les choses se compliquent. Ils réfléchissent au lieu de passer à l'acte. Alexandra pense : « Mais pourquoi attend-il ? Pourquoi ne passe-t-il pas à l'attaque ? Ce n'est pas toujours à moi de faire le premier pas, il en a trop pris l'habitude ! » Lui se dit : « À quoi pense-t-elle maintenant ? Et si je l'effleurais là, ou là, comment réagirait-elle ? » Il hésite, il est gauche, il a perdu confiance.

Alexandra profite de ma présence pour lui faire des remontrances : « Après une longue abstinence, il a la fâcheuse manie de toucher directement certaines parties de mon corps... Pourtant, il le sait, autant je réagis facilement quand je suis excitée, autant ça m'horripile quand je suis froide. Alors, évidemment, ça me rebute ! » Alexandre rit de cette remarque et ajoute : « Ma chérie, quand ma libido est basse, tu sais bien qu'il me faut une situation piquante pour débuter. C'est ça qui m'excite le plus, alors ! » Ils ont donc trouvé la solution : chaque fois qu'ils ont une abstinence sexuelle de plus de cinq jours, ils regardent un film érotique en se caressant mutuellement et en se promettant de ne plus laisser passer autant de temps avant de refaire l'amour.

Commentaires

Notre société devient de plus en plus tolérante vis-à-vis des femmes qui aiment la sexualité et la revendiquent. Dans les revues pour jeunes filles, le

« désir sexuel féminin » est cité comme une qualité et un avantage pour avoir et garder un partenaire. En revanche, pour les générations antérieures, cette approche était différente : une femme ayant un appétit sexuel était vite taxée de nymphomane, de putain, de traînée...

C'est grâce au sexe que ce couple est arrivé à négocier les autres aspects de la vie commune. Alexandra s'est rendu compte assez vite de la place que tenait la sexualité aux yeux de son mari. Que quantité et qualité, c'est-à-dire fantaisies, allaient de pair chez lui. Elle s'y est accoutumée et l'a suivi dans ses désirs, qui sont aussi devenus les siens. Elle m'a dit n'avoir jamais fait un effort pour assouvir les besoins sexuels de son homme. Et lui a vite compris ce qui était important pour elle. Il s'est mis à la séduire davantage, s'est investi dans la relation et dans ses besoins tant sensuels que sexuels.

Une femme peut accepter d'être une femme-objet à la condition d'être mature sexuellement. La sexualité étant alors considérée comme un jeu, elle y prend plaisir. Elle devient l'objet de l'homme avec lequel sa relation est basée sur le respect, la confiance, l'intimité, le dialogue. C'est un être sexuellement investi. Dans ce genre de couple, quand la femme prend l'initiative, la relation gagne en qualité et se révèle plus aisée, le climat devient plus érotique.

Coda

Mai 68 a apporté l'amour libre grâce à la libéralisation de la contraception et de l'avortement, toutes choses qui ont dégagé la sexualité de son carcan reproducteur conformiste ou hypocrite. Voici un couple qui a su et pu mettre en pratique ce nouveau courant social et a évolué dans la maturité sexuelle.

Couple 8 :
Valentin et Valentine

Valentine, 76 ans, enseignante, retraitée
Valentin, 80 ans,
dirigeant d'une société d'import-export, retraité
Ensemble depuis cinquante-sept ans,
deux enfants, cinq petits-enfants, trois arrière-petits-enfants

Description du couple

Je n'avais pas revu ce couple, ami de mes parents, depuis mon enfance, ou presque. Après plusieurs années passées en Europe, ils avaient décidé d'aller finir leur vie outre-Atlantique, dans la même ville qu'un de leurs fils. Me trouvant non loin de là pour un congrès de sexologie pendant cinq jours, je leur ai téléphoné pour m'enquérir de leurs nouvelles et ils ont insisté pour que je leur rende visite. Nous sommes tombés d'accord pour le troisième soir de mon séjour, à 18 heures précises.

Je suis accueilli par des gens dont je n'ai pas oublié le visage. Valentine est allée chez le coiffeur, elle s'est faite belle et porte un tailleur ; Valentin est en costume-cravate ; ils me précisent qu'ils s'habillent ainsi, même s'ils ne reçoivent personne, histoire de ne pas se laisser aller, de garder une certaine dignité et d'entretenir le plaisir de vivre. Je me souviens alors que, pour eux, la vie est indissociable de l'exercice de leurs sens. Pendant l'apéritif et le repas, tandis que nous discutons gastronomie, œnologie, art, philosophie, nous écoutons de la musique classique. Je ne cesse d'observer leur façon de boire, de manger et de sentir. Une olfaction développée est une qualité spécifique des êtres sensuels. Leur goût du bon vin se lit dans leurs yeux, dans leurs expressions et, bien sûr, dans leurs commentaires. Pour les mets, c'est pareil : ils ne mangent pas, ils dégustent, savourent. Ce sont des gourmets, la gastronomie tient une place de choix dans leur vie. Quel plaisir d'être attablé avec eux ! Le dîner prend une tout autre saveur sur mes papilles. Tout devient source de plaisir, de béatitude. Je connaissais leur côté intellectuel ; je découvre avec fascination leur côté *hédoniste**.

Après le dîner, nous nous installons près de la cheminée. Valentine se laisse aller et me demande tout de go : « Que penses-tu de la sexualité du troisième âge ? » Pour moi, l'enchantement se brise, on me parle boulot. Mais la question est tellement directe que je n'ose pas l'esquiver. J'exprime d'abord l'avis de M. Tout-le-Monde : dans notre société, on considère asexuée toute personne qui n'est plus en âge de procréer et on juge les gens âgés fragiles, laids, malades et sans désir sexuel. Si sexualité il y a, elle est malsaine, sale et vicieuse. Ceux qui la pratiquent (surtout les hommes) sont supposés pervers, « vieux cochons ». Dans une maison de retraite, si on voit deux personnes se tenir par la main, se témoigner de l'affection, on les rappelle à l'ordre : ces institutions ne sont pas un endroit où l'on autorise ce luxe qu'est la sexualité, les vieux ne doivent plus avoir de sensations. Le lavage de cerveau fonctionne tellement bien que la plupart d'entre eux en sont également convaincus.

Devant la moue de mes hôtes, je donne enfin ma vision des choses : chez un couple âgé en bonne santé générale, ayant une solide base affective et sensuelle, l'approche est évidemment bien différente. On pourrait penser qu'en raison des problèmes de prostate et les baisses hormonales, la vie sexuelle des hommes âgés est moins épanouissante. Et pourtant ! Plusieurs études ont démontré que, même si leurs capacités d'érection et d'endurance commencent à décliner, ces messieurs semblent néanmoins très satisfaits de leur vie sexuelle, en tout cas davantage que leurs homologues de 30 ans. Les femmes deviennent moins inhibées, elles manifestent un intérêt pour le sexe qu'elles peuvent garder longtemps, et certaines constatent même une intensification de leur appétit érotique durant la ménopause. Elles conservent une dilatation et une *lubrification** effective du vagin, en dépit d'un amincissement des parois vaginales – à la condition d'avoir toujours eu des rapports sexuels réguliers pendant leur vie d'adulte. Les femmes qui, plusieurs années après la fin de la menstruation, n'ont eu que des rapports sexuels peu fréquents et qui ne se masturbent pas régulièrement, ont des difficultés d'adaptation au cours de leurs rares coïts. Bien sûr, l'activité sexuelle de toutes ces personnes dépend en partie des désirs et des capacités de leurs conjoints.

Valentine intervient avec un large sourire : au fil des ans, la sexualité a pris une grande place dans leur vie de couple. Tant qu'à faire, autant bien la pratiquer. Étant conscients que l'art de bien faire l'amour n'est pas inné, Valentin et elle se sont mis à chercher des recettes dans la littérature. Quand ils étaient jeunes, seuls les deux rapports de *Kinsey** étaient disponibles. Plus tard, ils ont aussi lu les œuvres de *Masters* & Johnson*, et ont essayé d'appliquer ce qu'ils apprenaient. En rougissant un peu et en tenant la main de son époux, Valentine m'avoue avec pudeur qu'ils font encore l'amour assez régulièrement. Pas tous les jours évidemment, comme ils le faisaient pendant leur jeunesse. Alors qu'à la cinquantaine ils en étaient à deux ou trois relations par semaine, actuellement ils en sont à deux ou trois fois par mois. Constatant mon émerveillement, ils prennent à tour de rôle la parole pour m'expliquer les leçons qu'ils ont tirées de leurs lectures.

Ils sont d'accord avec mes propos et se rappellent que Masters & Johnson avaient étudié le cas des femmes ayant dépassé l'âge de la ménopause. Le secret était qu'il fallait mener une vie sexuelle très active pendant la maturité. C'est ce que Valentine et Valentin ont fait pendant le demi-siècle de leur vie commune. Ils ont réussi, disent-ils, puisqu'ils continuent à avoir des relations très satisfaisantes malgré quelques pannes – d'érection chez Valentin et de lubrification chez Valentine. L'amour et le sexe sont deux choses différentes. Parfois, ils ont juste des relations affectueuses. D'autres fois, surtout quand ils étaient plus jeunes, c'était juste pour le sexe, pour se donner du plaisir, pour le fun. À chaque étape de leur existence, leur approche sexuelle a évolué et, actuellement, ils considèrent leurs rapports sexuels plus soft. Ils se bécotent et se caressent comme aux premiers temps, mais recherchent davantage l'intimité pour réduire l'anxiété et ne pas avoir l'impression de participer à une course à l'orgasme. Mais quelle que soit la tonalité du rapport sexuel, il est avant tout considéré comme une rencontre menant à l'excitation, plutôt qu'à la pénétration ou à l'orgasme. Surtout maintenant.

« Quel bonheur de pouvoir enfin parler de cela à quelqu'un », me répètent-ils. Valentin poursuit : « Avec les gens, on discute facilement d'autres plaisirs : repas, vin, cinéma, sport, vacances, mais pas de sexe. C'est trop intime. On dit "bon appétit", "bonne nuit", "dors bien", "bonnes vacances" mais jamais "faites bien l'amour ce soir". Tabou ! Pour le vin, on décrit son plaisir ressenti au niveau des yeux, du nez, de la bouche, mais sur ce fameux orgasme, celui qu'on ressent des cheveux aux orteils, pas un mot. Honte à celui qui en parle ! »

Valentine explose : « Ce ne sont pas seulement ces descriptions qui sont en cause, à mon avis. Quand j'avais 30 ou 40 ans et que je parlais avec mes copines pour leur dire que le sexe est bon, elles coupaient les ponts avec moi. Elles me prenaient pour une nymphomane, une femme fatale qui risquerait de séduire leur mari. Nous avons souvent déménagé, changé de pays, et nous nous sommes fait plusieurs cercles d'amis. Entre femmes, parfois, on discutait de ces choses, mais il suffisait que je dise "j'aime le sexe" pour ne plus revoir ces personnes. Alors, très tôt, j'ai décidé de ne plus en parler, sauf avec mon mari. Et aujourd'hui, quel bonheur de se confier à une tierce personne qui ne va pas nous juger ! »

Comme il se fait tard, nous interrompons cette conversation passionnante mais décidons de la reprendre le lendemain, puisque Valentin et Valentine m'ont invité à nouveau.

Je suis au rendez-vous, et même en avance de dix minutes. Pendant tout le repas et le pousse-café, ils me décrivent, avec pudeur, l'évolution de leur sexualité, qu'ils ont découverte ensemble. Au préalable, ils ignoraient la masturbation – grand tabou de l'époque – et sont arrivés vierges au mariage. Leurs premières années furent remplies de balbutiements, mais au fur et à mesure, ils ont affiné leur *génitalité** grâce à leur grande curiosité, à leurs lectures et à leurs échanges d'idées. Ils ont eu l'art de se projeter dans l'avenir et n'ont pas eu peur de vieillir. Ils en ont beaucoup parlé entre eux et continuent de le faire. Alors, ils me donnent leur avis sur le sujet et je suis un cours magistral. Quand l'un se tait pour prendre son souffle, l'autre poursuit :

« La sexualité est un mode de communication en soi qui a besoin de mots. Ce sont eux qui assurent une sorte de formation permanente sur l'état du désir de l'autre et permettent de réagir de façon appropriée. L'usage de la parole est essentiel dans l'acte, la personne caressée doit demander les caresses qu'elle désire, et la personne caressante doit se contenter de pratiquer avec application les cajoleries demandées. Il ne faut pas avoir peur de casser le romantisme en se parlant et en abordant certains détails techniques. Dire à l'autre ce que l'on aime ou n'aime pas, lui donner les clefs de son propre mode de fonctionnement sexuel, c'est aussi désavouer le mythe du partenaire. Chacun doit s'approprier les préférences, les fantasmes de l'autre pour qu'il y ait un échange et une compréhension intime réciproque. Dans le couple, l'énergie doit circuler, chacun développe ses talents tout en permettant à l'autre de croire en ses rêves. Dans cette dynamique, les échanges s'enrichissent. Dans les jeux sexuels, les fantasmes doivent tenir une place importante. Même si on ne les met pas en pratique, on se les raconte pour s'exciter mutuellement et pimenter l'acte. »

« Elle sait toujours m'exciter, et encore maintenant, avoue Valentin. Avec elle, l'infidélité est impossible. Pourquoi aller voir ailleurs quand tu as chez toi une femme qui fait tout pour aiguiser ton désir ? Elle se promène souvent nue devant moi et me répète en me fixant dans les yeux : "Tu as de la chance, toi. Regarde quelle femme désirable tu as." Elle est irrésistible. C'est ça l'intelligence sexuelle à mon avis. » Valentine intervient en riant : « Si je dis cela, c'est que je le lis dans ses yeux. Il a un tel regard, une telle façon d'admirer mon corps qu'il n'y a aucun doute. Je suis la plus désirable ! » Elle souligne aussi qu'elle a compris très tôt ce qu'il fallait faire pour avoir une sexualité de grande qualité. Elle m'apostrophe : « Surtout, ne va pas penser que je suis une femme soumise. Ce que j'ai recherché, c'est ma satisfaction personnelle, et par ricochet la sienne aussi. »

Pour arriver à ses fins, après maints efforts, elle est enfin parvenue à la quarantaine à s'aimer, à aimer son corps, à l'offrir à l'homme désiré en s'abandonnant dans ses bras. « L'orgasme est la capacité de s'abandonner à la montée du plaisir. Une femme qui a peur de le faire, qui a honte de l'expression que prendra son visage, est incapable d'éprouver un orgasme. Le désir sexuel, il faut le créer », insiste-t-elle. Elle est d'accord pour dire que le stress et la fatigue diminuent de façon ponctuelle l'appétit sexuel, mais il ne faut pas se laisser emporter par les tracas du quotidien. Même quand ils avaient une vie professionnelle, Valentin et Valentine faisaient tout pour créer le désir. Ils ont eu une vie sexuelle épanouie, avec une fréquence élevée de relations.

« Valentin était capable de le faire tous les jours, moi aussi d'ailleurs. Mais il y a certains impératifs, comme le cycle de la femme. Je n'aimais pas avoir des rapports pendant les menstruations. Mais attendre cinq jours... ! Nous en étions incapables. Alors, au troisième ou quatrième jour, on se permettait un extra. Tu sais ce qu'il m'a répété pendant ces années ? Ça, je crois qu'aucune autre femme ne l'a entendu : "Vivement ta ménopause !" Il a tenu parole. Une fois cette dernière installée, il n'a jamais attendu plus de trois ou quatre jours pour avoir un rapport. »

Tous deux insistent sur la fréquence des relations sexuelles, le critère le plus important, à leurs yeux, pour maintenir un appétit sexuel élevé. Sinon, la baisse de libido devient inévitable. Reprendre devient plus difficile, les préliminaires durent trop longtemps, et l'homme risque de perdre son érection. « Nous tenons à la qualité de notre sexualité. Durant notre jeunesse, je n'avais pas d'orgasme à tous les rapports, et maintenant, c'est lui qui n'en a pas », se plaint-elle. Valentin me dit que, s'il pense à la performance pendant l'acte, il peut perdre son érection. Alors, il préfère se concentrer sur le plaisir de Valentine, même si, une fois sur quatre, il n'arrive pas atteindre l'orgasme. Il pense que cela en vaut la peine. Quant à elle, elle sait qu'elle doit s'abstenir de tout commentaire négatif pendant l'acte. Des mots tels que « tu me fais mal » ou « ne touche pas là » peuvent ruiner toute érection. Alors, c'est après l'acte qu'elle fait ses commentaires.

Au moment où s'installait la ménopause, ils ont eu des doutes. Leur désir allait-il se perpétuer ? Valentine connaîtrait-elle une diminution du plaisir charnel ? Serait-elle moins satisfaite ? « Un jour, Valentin et moi avons pris une feuille de papier et nous avons fait des calculs d'apothicaires. Nous sommes arrivés à un total de plus de 7 000 actes. En comptant environ deux orgasmes par coït, cela me faisait un total d'environ 15 000 orgasmes. Nous espérions que mon corps n'allait pas nous laisser tomber en si bon chemin. Eh bien, Masters & Johnson avaient raison : pour la poursuite de la génitalité, c'est surtout l'histoire sexuelle de la personne qui est importante. Une activité sexuelle soutenue pendant notre vie a permis à nos corps de repartir de plus belle, malgré la ménopause, pour plusieurs décennies à la recherche de la volupté ! »

« Nos meilleures expériences sexuelles, nous les avons vécues à partir de la quarantaine, et surtout de la cinquantaine. Nous avons eu plus de plaisir à faire l'amour pendant notre maturité qu'à la trentaine. Et à 30 ans c'était meilleur qu'à 20 », se souvient Valentin.

Ils ont atteint la maturité sexuelle ensemble une fois qu'ils se sont sentis aimés, désirés, libérés des contraintes de la vie, de la peur d'une grossesse non désirée, et cela, grâce à un mélange de confiance en soi et en l'autre. Ils savent que le désir est fugace et qu'il faut beaucoup d'ingéniosité pour le maintenir. Quant au plaisir et à l'orgasme, ils savent que leur intensité est variable et très aléatoire. Il ne faut pas être à la recherche de l'orgasme incontrôlable à chaque fois. Sinon, la déception et la frustration pointent, et la libido en prend un coup.

Pour maintenir une vie sexuelle aussi satisfaisante, Valentin et Valentine insistent sur l'amour, la tendresse, le respect et la communication. Et les caresses, bien sûr, qui offrent à chacun le moyen d'accroître ses propres capacités sensorielles, de mieux connaître le corps de l'autre, de se construire un vocabulaire sensoriel et érotique et de se parler du plaisir. Même après l'orgasme, ils ont pris l'habitude de commenter l'intensité de leur satisfaction sexuelle. À chaque occasion, ils se mettent nus. Ils ne pensent pas, comme certains, que la nudité refroidit l'ardeur et que la femme séduit par ce qui est caché plutôt que par ce qui est montré.

Devant la cheminée, Valentine s'enflamme à nouveau. Elle critique les magazines féminins : « Pour me faire belle, je vais une fois par semaine chez le coiffeur. J'y trouve toute une littérature que je n'achète pas. Dans ces revues, je lis tous les articles publiés sur la sexualité. Quelle déception ! On y parle du type d'orgasme et du mystère du plaisir féminin. Pourquoi discute-t-on encore de savoir si l'orgasme vaginal existe ou non ? La preuve de son existence a été établie dans les années 1980. Évidemment, si ces magazines continuent à engager des journalistes frigides, on va débattre encore pendant de longues années des zones sensibles et des "mystères" féminins ! Je suis une femme moderne qui a vécu Mai 68 en tant qu'adulte en Europe. Que d'espérances ! Je croyais que les femmes, économiquement émancipées et libérées de la charge d'une grossesse non désirée grâce à l'utilisation des contraceptifs, allaient enfin aimer le sexe. Comment se fait-il qu'à l'ère moderne, où elles peuvent librement choisir leur partenaire et ont un rapport d'égalité avec leur époux, où les médias expliquent les méthodes pour accéder à l'orgasme, il y ait encore autant de misère sexuelle ? Je suis tombée récemment sur un article qui traite du plaisir charnel de ces dames. On demande leur avis à 10 femmes : 8 parlent de l'incapacité à atteindre le plaisir, et les autres, de l'extase obtenue dans les bras de leurs amants. C'est beau, l'amour ! Actuellement, le XXIe siècle puritain américain influence même les Européens : on fait l'apologie de l'abstinence. Au secours, les frigides ont pris le pouvoir ! »

Vu la tournure que prend mon apprentissage chez eux, je prie Valentin et Valentine de m'accorder encore du temps. Comme je dois partir le lendemain en fin d'après-midi, ils m'invitent à déjeuner. Aussi, je fais l'impasse sans aucun regret sur certaines conférences de mes confrères et choisis auprès d'eux le meilleur enseignement en matière de sexologie. Ce jour-là, ils rappellent que, pour eux, une vie sexuelle harmonieuse égale une vie de couple réussie, avec son impact positif sur le bien-être personnel. Néanmoins, ils insistent sur un point essentiel : la sexualité ne trouve son véritable sens que si elle se place dans une perspective amoureuse. Pour équilibrer une relation durable, il faut passer de « je suis amoureux(se) », à « j'aime ». Ils citent Saint-Exupéry : « S'aimer, ce n'est pas se regarder l'un l'autre, mais regarder dans la même direction. » Chacun se penche vers l'autre, s'intéresse à son univers, se connecte, provoque une complicité. Ils sont capables, au quotidien, de voir les aspects positifs de l'autre sans se focaliser sur les côtés négatifs. Et, conscients de la difficulté de faire durer un couple, ils communiquent. « Même retraités, nous sommes tous deux actifs. Alors, quand on se retrouve, on a plein de choses à se raconter, on s'intéresse à l'autre, à ce qu'il vit, à ce qu'il ressent. Même sans avoir rien de particulier à se dire, ou si l'on est fatigués, on trouve toujours quelque chose à raconter, pour rire, se détendre. On parle souvent des autres couples, ce qui nous permet de nous remettre en question régulièrement tout en évitant de mettre notre couple en danger comme si l'on devait directement parler de soi », confie-t-elle.

Et lui de poursuivre : « Les sujets difficiles, il y en a dans tous les couples. Il faut en discuter, et non les éluder, mais pas à n'importe quel moment de la journée, ni à n'importe quel endroit. Dès nos premières années de vie commune nous avons installé un rituel. Les sujets désagréables ou sensibles, c'est-à-dire ceux portant sur la vie professionnelle, l'achat d'une maison, l'éducation des enfants, la gestion de l'argent du ménage sont tranchés dans un endroit bien spécifique : lors du bain pris en commun le matin, et non, comme certains le font, au restaurant, un lieu où tous les sens sont éveillés pour le plaisir, le bonheur et le partage. »

De la vie de couple, nous passons à la vie de famille. Valentin et Valentine adorent leurs enfants. Cependant, ils leur ont bien fait comprendre, quand ils étaient encore petits, que l'épine dorsale de la famille est formée par le père et la mère. Tout repose sur eux et, pour le bon fonctionnement de la vie familiale, leur amour est capital. Aussi les enfants ne doivent-ils pas trouver choquant que les parents passent beaucoup de temps ensemble.

« Quand ils étaient encore tout petits, raconte Valentin, on leur a expliqué que papa et maman les aimaient beaucoup mais qu'ils s'aimaient encore plus entre eux. Le message qu'on a voulu leur faire passer était que leurs parents n'étaient pas asexués. À mesure qu'ils grandissaient, nous n'avions plus de place dans la maison pour faire l'amour. À peine avaient-ils une dizaine d'années qu'ils se permettaient d'entrer sans frapper dans la pièce fermée où nous nous trouvions et, surtout, de regarder par le trou de la serrure ! Le danger était grand de se faire pincer pendant l'acte sexuel. Alors, un jour, je les ai appelés pour leur dire, en les regardant droit dans les yeux : "À partir d'aujourd'hui, lorsque vous voyez papa et maman s'enfermer dans une pièce, vous ne les dérangez plus. Sauf en cas de catastrophe. À ce moment-là, vous frappez à la porte et vous n'entrez que si vous y êtes invités. De plus, interdiction stricte de regarder par le trou de la serrure. Sinon..." Sur ce, je m'arrête pour observer leurs réactions. Le plus jeune, le plus malicieux, me nargue en répétant : "Sinon... sinon..." L'aîné objecte qu'il voudra venir nous souhaiter une bonne nuit. Je reprends donc : "Sinon, gare à vous, si je vous y reprends ! N'oubliez pas que j'ai une bonne mémoire. Je peux aussi être rancunier. Et je n'oublierai jamais ce que vous nous aurez fait. La vengeance est un plat qui se mange froid." Puis, après une interruption : "Fermez les yeux et réfléchissez quelques instants. Vous êtes grands. Enfermés dans votre chambre à faire joujou avec votre petite amie. À votre avis, que va faire votre papa adoré ? Vous avez deviné, j'espère. D'abord, il regardera par le trou de la serrure et puis, paf ! il ouvrira la porte et entrera... pour vous souhaiter une bonne soirée." Exclamations des deux enfants : "Non, papa, tu ne vas jamais nous faire une telle vacherie !" Depuis ce jour, quand la porte était close, les enfants ne sont jamais venus nous déranger.

Comme quoi, un petit chantage bien placé… » Tout en riant franchement, je me dis que la méthode n'est pas si mauvaise et qu'elle vaut la peine qu'on la mette à l'épreuve.

Avant de les quitter, je demande à Valentin et à Valentine comment ils envisagent l'avenir. « En rose », répondent-ils en chœur. Tant qu'il y a des projets, évidemment. Cependant, Valentin avoue une crainte : « Les fuites ! Fuites dans la mécanique anatomique. Passé un certain âge, on n'est à l'abri de rien. » Je ne comprends pas où il veut en venir. Il précise : « Avant la ménopause de Valentine, le fait de ne pas pouvoir faire l'amour pendant les menstruations m'énervait. Mais ce qui m'irritait encore plus, c'est qu'elle devait porter un slip sur ses serviettes hygiéniques. Je ne supporte pas qu'elle soit habillée au lit. J'ai les mains baladeuses, et la nuit, dans mon sommeil, quand je rencontre un obstacle, ça me réveille. Alors, tu t'imagines, avec une couche-culotte… je vais sursauter ! » Sacré Valentin !

Puis il me questionne : « Y a-t-il un âge limite pour avoir une érection ? » Ma meilleure réponse est : ne pas anticiper l'échec !

C'est avec grand regret que je quitte Valentin et Valentine. Leur fils aîné vient me chercher pour m'emmener à l'aéroport. Dans la voiture, nous sommes seuls. Curieux de la relation qu'il entretient avec ses parents, et sans être trop direct, je lui fais remarquer : « Je pense que vous formez une famille très unie, avec beaucoup d'amour entre vous. » Il me répond par l'affirmative et ajoute : « J'aime bien nous comparer avec d'autres familles où les gens s'entre-déchirent. Nous sommes quatre générations, nous adorons nous retrouver ensemble à chaque occasion. Nous nous entendons très bien, et cela, nous le devons surtout à mes parents. À l'amour qu'ils nous ont donné et à l'amour qu'ils ont partagé. »

Voilà précisément où je voulais en venir. Aussitôt, j'enchaîne : « Oui, mais si j'ai bien compris, ils s'aimaient beaucoup. Et vous, les enfants, vous ne vous sentiez pas un peu rejetés ? »

Il rit : « Sûrement pas. Je fais la même chose avec ma femme. Mes enfants ne se sont jamais plaints. Au contraire. Tant que les parents s'entendent bien, l'ambiance est merveilleuse à la maison. Quand j'étais jeune, mes amis adoraient venir chez moi, il régnait une ambiance de quiétude et d'amour dans notre foyer. À l'adolescence, mon père nous refilait de l'argent, à mon frère et à moi, pour qu'on aille dîner le samedi soir à l'extérieur et qu'on s'offre une séance de cinéma. Avant de partir, on le voyait s'affairer pendant des heures à la cuisine, il préparait de bons petits plats pour eux deux. Il sortait les meilleurs vins de sa cave et mettait ses plus beaux habits. Maman se préparait pendant ce temps. Quand tout était prêt, avec musique d'ambiance, bougies, couvert dressé, champagne servi, il invitait sa princesse à venir le rejoindre à table. C'était le moment où nous devions débarrasser le plancher, mon frère et moi, et ne pas rentrer avant minuit. Nous savions très bien ce qu'ils faisaient au dîner et... ensuite ! Nous adorions cela. Parce que l'ambiance était excellente à notre retour. Je suis très content de l'éducation que j'ai reçue de mes parents et tu peux être certain que c'est celle que j'ai donnée à mes enfants. J'ai plein d'amis qui se laissent envahir par leur progéniture, ils n'arrivent pas à faire l'amour chez eux et doivent se réfugier de temps en temps dans une chambre d'hôtel. Pas de ça chez nous. Merci, papa et maman ! »

Commentaires

Pour accéder au bonheur, ce couple choisit la voie hédoniste dans tous les domaines. Dès leur jeunesse, Valentin et Valentine se sont projetés dans l'avenir et ont anticipé certains problèmes pour cultiver la bonne entente conjugale. Ils se sont investis dans la sexualité, qu'ils ont pratiquée de façon régulière et fréquente, ce qui a contribué au maintien de leur désir et de leur satisfaction sexuelle. En effet, comme pour le sport, la pratique régulière et de longue date de l'activité sexuelle concourt au bon fonctionnement des organes.

Pour vivre une sexualité épanouie, ce couple a investi pendant de longues années beaucoup d'argent dans les méthodes contraceptives, d'abord en préservatifs, puis en pilule. Dans les couches sociales supérieures, la contraception a favorisé la libération des mœurs des femmes. Elles gèrent dorénavant elles-mêmes leur fonction reproductrice. À partir de la cinquantaine, un mode de contraception naturel et gratuit est venu à leur secours : la ménopause. Celle-ci a été très bien accueillie, puisqu'elle avait été préparée et anticipée intelligemment durant les années de maturité.

Pour un homme, la beauté d'une femme est très relative. Une femme croisée dans la rue ne le frappe que par sa beauté plastique. Celle qu'il a à la maison demeure la plus désirable tant qu'elle accepte la sexualité. Du jour où elle cesse avec lui toute relation sexuelle, son épouse devient pour lui « la femme la plus laide du monde », même si elle est un canon esthétique.

Valentin et Valentine forment un couple heureux, à l'écoute l'un de l'autre. Ils savent que rien n'est acquis dans la vie à deux. Lui la séduit tous les jours, elle le lui rend bien.

Une dernière chose ; chacun m'a répété plusieurs fois : « Mon corps ne m'appartient pas. Il est à nous deux, on se le partage. » Il faut vraiment aimer l'autre et les jeux de la sexualité pour être l'auteur d'une telle phrase.

Coda

Dans ce huitième et dernier cas, l'homme et la femme ont construit leur couple sur des bases solides en associant sexualité et entente spirituelle. Et, tout au long de leur vie commune, ils ont nourri consciemment leur relation pour maintenir cette harmonie. Il s'agit de personnes qui ne considèrent pas la sexualité comme une activité exceptionnelle mais plutôt comme une chose commune comparable aux autres occupations agréables de la vie qui procurent du plaisir.

2.

Les différents âges sexuels

> « Nous arrivons tout nouveaux aux divers âges de la vie, et nous y manquons souvent d'expérience, malgré le nombre des années. »
>
> La Rochefoucauld, *Maximes*

De même que la vie est divisée en divers âges : enfance, adolescence, âge adulte, vieillesse, chacun possédant un statut particulier, avec ses privilèges et ses obligations, je définirai un nouveau concept : celui des âges sexuels, qui correspondent aux différentes étapes que les gens franchissent tout au long de leur vie sexuelle.

Si l'on met en rapport l'âge sexuel et l'âge chronologique, il peut y avoir entre eux un grand décalage. Il existe quatre âges sexuels qui correspondent aux quatre phases du développement sexuel personnel : l'âge naïf, l'âge ingrat, l'âge mûr et l'âge d'or. Certains individus passeront les premières étapes rapidement pour arriver à l'âge d'or ; d'autres, en revanche, stagneront toute leur vie aux âges naïf ou ingrat. Sans oublier que parfois, selon certaines circonstances, quelques-uns pourront régresser à la phase antérieure.

L'âge naïf

Les hommes et les femmes commencent leur sexualité à l'âge naïf, étape où l'on découvre son propre corps avant d'explorer celui de l'autre. C'est la phase initiatique : les sujets sont pleins de confiance et de simplicité, par ignorance, inexpérience ; la sexualité est naturelle, sans artifice, spontanée. Cependant, si cette étape s'éternise dans le temps, la sexualité devient problématique.

La découverte du corps et la masturbation

Je ne m'attarderai pas sur la sexualité avant l'adolescence, un sujet étudié en détail par les psychanalystes. Certains enfants, déjà très jeunes, éprouvent des sensations de plaisir au niveau du pénis ou du clitoris. L'action qui déclenche la satisfaction consiste, chez le garçon, à frotter sa verge avec la main et, chez la fille, à compresser le clitoris avec la main ou en serrant les cuisses. Freud distingue trois phases de la masturbation infantile : la première se rattache au temps de l'allaitement, la deuxième se déroule vers la quatrième année, et la troisième correspond à l'*onanisme** lors de la puberté[1].

À la puberté, les changements chez le garçon (érections, éjaculations) surviennent souvent de façon spontanée. Dans leur grande majorité, les érections sont faciles à obtenir. L'éjaculation (signe que le garçon est devenu un homme capable de féconder une femme) s'accompagne de plaisir. Le jeune visualise bien le mécanisme de son érection. Il n'y a pas de secret, pas d'inconnu, pas d'inconvénient, en somme.

Chez la fille, en revanche, les organes sexuels sont difficiles d'accès, les premières règles (signe qu'elle est féconde) arrivent dans la douleur. Le plaisir fait place à la nécessité de se protéger, de ne pas se souiller de ce sang.

Chez l'adolescent, le plaisir est directement lié à la zone génitale. L'adolescente a tendance à sexualiser tout son corps. La relation sexuelle pour les jeunes filles n'est pas une fin en soi, contrairement à ce qui se passe pour les garçons. Elles cherchent plutôt les sentiments, les émotions, mais surtout l'amour, la passion. L'image de leur corps à laquelle elles attachent tellement d'importance leur sert à attirer l'élu. Le but de la fille est moins de développer la sensibilité de ce corps que de l'exposer. À ce stade, les paroles de la mère ont une grande importance. Elles peuvent soit déculpabiliser la sexualité et permettre la découverte de ce corps en pleine mutation, soit, au contraire, donner une vision tout à fait négative du sexe pour les femmes.

La masturbation est en général le premier acte sexuel, même si elle est qualifiée d'acte d'amour de soi. Elle permet au jeune d'expérimenter différentes sensations, différents touchers qui lui procurent du plaisir et lui font découvrir les réactions de son corps. Personne n'est mieux placé que lui pour cela. Le jeune doit disposer chez lui d'un endroit à l'abri des regards et des intrusions de ses parents, afin de plonger avec sérénité dans la « petite mort » de la jouissance.

La plupart des adolescents se masturbent beaucoup parce que leurs pulsions sexuelles sont intenses ; leur corps est bourré d'hormones. C'est aussi un âge qui offre peu de réalisations possibles en couple. La masturbation structure la sexualité de l'adolescent(e). Elle lui permet de soulager ses tensions sexuelles... sans risque de grossesse et sans crainte de maladies sexuellement transmissibles. Pour les adultes qui n'ont pas de rapports, elle permet aussi de conserver une activité sexuelle pendant toute la vie.

Les sondages sur la sexualité, même s'ils ne sont pas totalement fiables, montrent qu'une majorité des garçons et une minorité des filles s'adonnent au plaisir solitaire.

Cependant, au cours de l'histoire de l'humanité, il y a eu pléthore de pressions morales pour réprimer la masturbation. Tandis que le christianisme la considère comme un péché mortel, pour les autres religions, cette dilapidation de la semence doit être empêchée parce qu'elle mène à une perte d'énergie vitale.

Au XVIIIe siècle, des médecins et philosophes ont pris le relais des théologiens pour réprouver cette pratique. Ils taxent alors la masturbation masculine de tous les maux : elle rend l'homme efféminé, provoque de l'apathie, des convulsions, des yeux rouges, de la bave, des diarrhées, des étouffements et, comme tout le monde le sait, elle rend sourd ! Dès lors, comment empêcher les jeunes gens de s'adonner à ce vice ? On recourait à une panoplie d'instruments de torture qui empêchaient de porter les mains sur les parties génitales : camisole, bandages, attachement des mains aux barreaux du lit, etc.

Depuis Masters & Johnson[2], qui ont réhabilité la masturbation, notre société est devenue plus tolérante vis-à-vis de cette activité. Pour ma part, je trouve très importante l'auto-exploration qui permet de découvrir son corps, de l'éduquer et de le sensibiliser. Chaque partie de la peau et des zones génitales peut procurer du plaisir à condition qu'on l'ait érotisée. C'est un travail de longue haleine, je l'admets, mais indispensable pour préparer son corps à éprouver différents plaisirs et jouissances. On n'est jamais aussi bien servi que par soi-même, aurait-on envie de dire. Plus tard, à l'âge adulte, le ou la partenaire peut participer à cette exploration et on peut lui montrer ce qui nous comble le plus.

Beaucoup d'hommes utilisent des supports (revues, films, photos...) à caractère érotique pour agrémenter leurs masturbations. Il faut néanmoins faire la distinction entre films érotiques et pornographiques. Dans ces derniers, le personnage féminin est considéré comme un objet sexuel, il se réduit à un corps, et même, le plus souvent, à une partie de son corps. La femme est là comme objet de la luxure de l'homme. En revanche, dans les films érotiques, la partenaire est prise en compte avec son corps, son esprit, son cœur, c'est-à-dire comme un être humain dans sa globalité.

Comme d'autres sexologues, je vante les mérites des films érotiques didactiques quand ils montrent des rapports sexuels naturels pratiqués par des adultes, partenaires dans la vie, de préférence avec un échange d'amour et de sentiments. Je pense qu'il faudrait en réaliser davantage et les rendre facilement accessibles au grand public. Ces films peuvent être très instructifs s'ils mettent en évidence les différentes techniques amoureuses et le « vrai » orgasme. Pour les jeunes filles, il est important de visualiser l'attitude que prennent les gens pendant l'orgasme, d'entendre les soupirs et les sons qu'ils produisent, et surtout de voir chez les protagonistes les traits du visage qui changent... sans être ridicules ! Ainsi, les jeunes constateront ce que c'est que faire l'amour dans la réalité – quant aux moins jeunes, ils se déculpabiliseront à propos des gestes qu'ils s'interdisaient auparavant.

Les premières relations sexuelles

Si les seniors ont en général vécu leurs premières expériences sexuelles avec beaucoup d'inconnues et d'angoisses, actuellement, les jeunes ont à leur disposition une pléthore d'informations sur tout ce qui touche au sexe, grâce aux médias et à Internet (ou à cause d'eux). Les garçons peuvent être très tentés par les images érotiques, voire pornographiques. Difficile alors de leur faire comprendre que, dans la vie « réelle », les choses ne se déroulent pas comme dans les films pornos, où les actes extrêmes sont banalisés.

Les adolescentes, pour leur part, sont friandes de magazines qui leur dispensent des conseils à l'usage de « la première fois ». Mais au moment de passer à l'acte, les jeunes filles d'aujourd'hui, comme leurs aînées, sont toujours envahies par le doute, l'angoisse, la peur d'avoir mal, et les garçons, stressés par la peur d'être nuls, de ne pas assurer...

Dans les pays occidentaux, actuellement, les jeunes vivent leur première relation sexuelle aux alentours de 17 ans. Les choses se passent bien s'ils sont suffisamment informés et utilisent des moyens contraceptifs efficaces. Si le lieu est intime et sécurisant, le (la) partenaire tendre et attentionné(e), et si, de plus, l'amour est présent, alors tout se déroule dans des conditions idéales. Avoir des parents aimants, compréhensifs et complices aide beaucoup. D'ailleurs, si les jeunes leur font assez confiance pour leur annoncer la bonne nouvelle, pourquoi ne fêteraient-ils pas tous ensemble l'événement en famille ? Cela permettrait de partir d'un bon pied et avec confiance dans sa vie sexuelle.

Les jeunes doivent savoir que, les premières fois, la satisfaction sexuelle est difficile à obtenir. La pénétration est de courte durée, l'éjaculation survenant le plus souvent en moins de deux minutes, et la jeune fille n'ayant pas encore la faculté de déclencher l'orgasme vaginal. À chaque étape de la vie, la sexualité évolue, voilà ce qu'il faut retenir. Laissons aux plaisirs sexuels le temps de se développer !

Les freins sociaux et religieux à l'épanouissement sexuel

Au moment de leur apprentissage sexuel, si certaines personnes font facilement abstraction de leur héritage socioculturel, d'autres restent profondément marquées par celui-ci. L'influence d'une religion et d'une culture qui culpabilisent le sexe est difficile à remettre en question.

Dans notre monde chrétien, saint Paul a jeté les bases de l'ascétisme : « Le corps n'est pas pour la fornication, il est pour le Seigneur, et le Seigneur pour le corps[3]. » « Fuyez la fornication[4]. » Plus loin : « Je dis toutefois aux célibataires et aux veuves qu'il est bon de demeurer comme moi. Mais s'ils ne peuvent se contenir, qu'ils se marient : mieux vaut se marier que de brûler[5]. »

Les Pères de l'Église, comme saint Augustin, ont condamné les joies de la chair. La réprobation des relations sexuelles en dehors de la procréation (et du mariage) est assez commune dans la pensée judéo-chrétienne : « Dieu aurait dû inventer un autre moyen de procréer[6]. »

Les autres religions ne sont pas en reste, on retrouve souvent cette volonté d'étouffer la luxure, le plaisir... surtout celui de la femme. Dans certaines cultures, des moyens extrêmes sont utilisés, jusqu'à la mutilation du corps, par exemple avec l'excision. Ces pratiques sont transmises de génération en génération, les mères, qui ont subi les mêmes sévices, devenant les premières gardiennes de la vertu, de l'honneur de leurs filles et de la famille ! Dans nos contrées, un moyen plus subtil est utilisé : des mères sexuellement insatisfaites rendent leurs filles asexuées par un lavage de cerveau qui débute très tôt et se poursuit jusque fort tard dans l'âge adulte.

De nos jours comme à l'époque victorienne, il est difficile pour une femme de se considérer « désirable et désirante », surtout une fois qu'elle est devenue mère.

Nous l'avons vu avec la masturbation, médecins et philosophes des siècles précédents ont proposé des plans draconiens pour éteindre le désir sexuel. *La Petite Bible des jeunes époux*, datant de la fin du XIXe siècle et citée par Alain Corbin[7], reflète à merveille ces idées : « L'union des époux ne saurait se dérouler ailleurs que dans la chambre, sanctuaire de l'amour et de la maternité. [...] Un bon lit est le seul autel où puisse dignement s'accomplir l'œuvre de chair. [...] Le mystère doit s'opérer dans l'ombre, cela va de soi, puisque le jeune époux ne saurait demander à sa pudique moitié de la voir nue. [...] Le silence et le recueillement président aux intimes épanchements. [...] La position missionnaire est la posture raisonnable d'accouplement. Il convient d'éviter les postures illégitimes, gymnastiques inutiles, coupable raffinement de la volupté qui risque de déterminer l'avortement, quand ce n'est pas la stérilité. »

L'âge naïf dans les exemples

Revenons à la caricature d'Eva portant sur les zones érogènes et adaptons-la à l'âge naïf. Les jeunes, au début de leur sexualité, ne développent qu'une seule zone érogène : le pénis chez le garçon, le clitoris chez la fille. Plus tard, si quelques-uns érotisent d'autres zones de leur corps, la plupart en restent aux seules zones citées, tandis que certains perdent même l'érotisation de leur zone génitale. Dans ce livre, lorsque j'évoque l'âge sexuel naïf, je ne prends en considération que le stade de développement sexuel des personnes qui, pendant toute leur vie, érotisent uniquement leurs parties génitales, voire perdent cette érotisation. Elles en restent au stade débutant de la sexualité ou régressent pour être quasi asexuelles.

L'homme, qui sécrète plus d'*androgènes**, est animé en général de pulsions plus fortes, plus intenses et plus fréquentes que celles de la femme. Du fait de la tension ainsi engendrée, il ne trouve leur résolution que dans l'éjaculation.

Contrairement à l'homme, la femme doit apprendre sa sexualité, la développer. Cette progression sexuelle est très variable d'une personne à l'autre, selon son éducation et ses expériences, positives ou négatives. Pour certaines, le sexe est sale et sans attraits, c'est une perte de temps et d'énergie. Elles conçoivent difficilement les plaisirs que peut procurer cet acte,

LES ZONES ÉROGÈNES

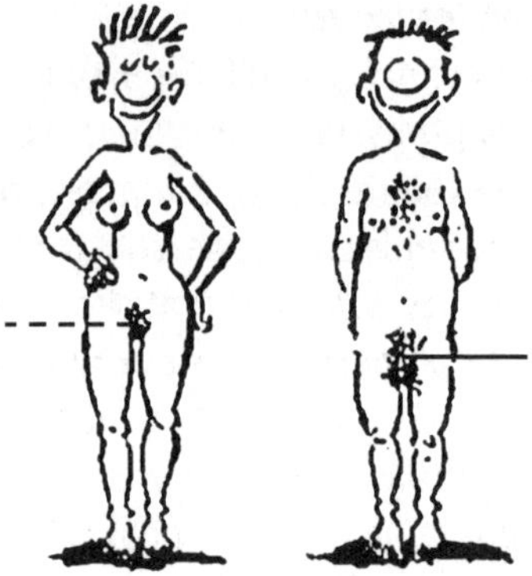

Zones érogènes à l'âge naïf : seuls les organes génitaux sont érotisés. Les hommes, animés de pulsions plus fortes, développent davantage cette zone.

ne soupçonnent pas la richesse sensorielle qu'elles peuvent en retirer. Elles ne s'investissent pas du tout dans leur sexualité. Pour des raisons pratiques, elles acceptent parfois de les subir « en attendant que ça se passe ». Souvent, elles y mettent un terme quand l'occasion se présente. N'ayant pas de désir ni de plaisir, elles refusent de se laisser utiliser comme femmes objets.

Cette approche est celle du couple 1. Bénédicte a trouvé chez Benoît l'homme idéal, mais rare : l'asexuel. Il n'éprouve de plaisir ni aux caresses ni au coït. C'est un couple moderne où exhibitionnisme et narcissisme sont exacerbés. Ils représentent la tendance actuelle de notre société qui accorde une extrême importance à l'apparence, au besoin de séduction, tout en se refusant. Il s'agit d'un comportement fréquent chez les adolescents. Ce couple, qui en reste à l'âge sexuel naïf, a même régressé jusqu'à ne plus avoir de rapports sexuels du tout.

Le couple 2, couple victorien dans lequel la femme refuse de se plier au devoir conjugal, se trouve aussi dans l'âge naïf. Victoria a subi l'effet d'une socialisation déficiente envers la sexualité. Elle a appris à associer la sexualité au romantisme et à l'amour, à considérer le sexe comme un ennemi. Cependant, par tradition, pour ne pas briser l'image sociale de son couple ; par devoir, pour ne pas prendre le risque de rompre le contrat conjugal ; par peur, pour ne pas être condamnée à une solitude terrifiante, elle a subi pendant des années les assauts répétés de Victor. Elle est issue du même milieu que son mari victorien. Sa mission est de leur donner une descendance. Lui, homme à double standard érotique, n'attend rien d'autre de sa femme. La putain est là pour assurer le repos du guerrier.

Récemment, un ami m'a transmis une interview intéressante d'une personnalité (dont le prénom évoque une capitale européenne et le patronyme, celui d'une chaîne hôtelière) qui prétend être un sex-symbol. Très à l'aise devant la caméra au point de jouer dans des films pornos, elle pourrait passer pour une nymphomane… jusqu'à ce qu'on lise l'article. Cette Messaline moderne a confié à *Rolling Stone Magazine* qu'elle préfère souvent se contenter des baisers de ses petits amis, et tant pis si ces derniers ont envie d'étreintes plus charnelles... Elle admet sans complexes n'être « pas très branchée sexe », car elle est, en fait, trop paresseuse. Lorsqu'elle a un homme dans sa vie, elle ne fait presque rien de croustillant avec lui. Son activité favorite consiste plutôt à regarder la télé avec lui en échangeant quelques bisous chastes. Elle s'est d'ailleurs ralliée au courant asexuel et a pris la décision d'un « congé sabbatique sexuel » d'un an !

L'âge ingrat

L'âge ingrat, au sens littéral, désigne le début de l'adolescence, la puberté. Mais « ingrat » signifie aussi désagréable, disgracieux, pénible, qui exige de gros efforts sans résultats immédiatement appréciables. L'âge sexuel ingrat, antichambre d'une sexualité épanouie, est une période intermédiaire entre l'âge naïf et l'âge mûr. Les membres du couple tâtonnent alors, se cherchent, se découvrent, essaient et prennent des décisions quant à l'avenir de leur vie sexuelle. Quand cette étape dure trop longtemps, la lutte de pouvoir s'installe dans le couple et le sexe n'apporte que frustrations. Selon moi, la plupart des couples n'arrivent pas à dépasser l'âge ingrat.

Pour Csikszentmihalyi, « les gens se reproduisent à travers le monde mais consacrent assez peu d'énergie aux pratiques sexuelles complexes et à l'amour romantique ; comme pour le sport, ils préfèrent regarder les professionnels à la télé[8] ».

Passée la phase des débuts passionnels de la relation amoureuse, il est assez difficile de maintenir le désir sexuel à son plus haut niveau. La fréquence de l'acte diminue souvent avec le temps, parfois jusqu'à une continence totale.

Dans la majorité des cas, l'homme est dans la génitalité, c'est la qualité et surtout la quantité des actes sexuels qui sont importantes pour lui ; la femme, quant à elle, est plus portée sur les sentiments, les émotions et l'intimité. Pour se rapprocher, chacun des partenaires devrait répondre aux attentes de l'autre : les femmes s'investissant plus dans les stimuli sexuels et les hommes développant plus leur côté sentimental pour optimiser la qualité de la relation.

Hommes et femmes, les incompréhensions

Le contrôle de la fécondité a ouvert de nombreuses perspectives aux femmes et changé leurs rapports avec les hommes. Shere Hite souligne l'inconvénient des contraceptifs : « La pilule était à double tranchant : d'un côté, elle était pour les femmes un moyen de maîtriser leur fertilité, de l'autre, celles-ci se sont senties obligées de "faire l'amour à la demande"[9]. » Si la disponibilité de la femme augmente d'un côté, celle-ci devient cependant maîtresse de son corps et de sa sexualité.

Le mouvement féministe radical dénonce donc, dans les années 1970-80, la domination de l'homme aussi bien sur le lieu de travail qu'au lit. Les femmes réclament le droit d'être seules maîtresses de leur corps, de refuser l'acte sexuel si elles n'en ont pas envie. La notion de devoir conjugal est remplacée par le droit à la liberté corporelle individuelle. Le refus est souvent argumenté par des excuses de type « migraine », « fatigue », « présence des enfants » ou tout simplement « pas le temps » !

Le manque de communication se reflète aussi dans la simulation. Souvent, obsédée par l'idée médiatisée qu'« une femme épanouie atteint toujours l'orgasme », la femme feint. Son but est de plaire à son compagnon, de se rendre aimable, tout en ne lâchant pas prise. Quand la simulation devient chronique, la femme finalement n'investit pas dans son plaisir, elle fait une croix sur le véritable orgasme, empêche sa sexualité de progresser et de mûrir.

En pratique, à cause d'une communication insuffisante, beaucoup d'erreurs sont commises sur les besoins de l'autre. De nombreuses femmes s'obstinent à entourer leurs réactions de mystère. Elles estiment qu'il n'est pas nécessaire d'informer leur amant de leurs véritables désirs sexuels. C'est à lui de comprendre ! Je crois, pour ma part, qu'il ne faut pas avoir peur de le dire et de le répéter : la femme peut et doit apprendre à assumer sa part de responsabilité en ce qui concerne son propre plaisir. De plus, elle doit informer son compagnon de ses désirs, de manière claire, en évitant toute attitude ambiguë.

Certains hommes sont incapables d'intimité. Leur érotisme est comparable à celui que l'on trouve chez les jeunes. Leur sexualité reste largement narcissique. Ils pensent que, pour être un bon amant, il faut avoir un gros pénis, des érections à volonté, et faire jouir leur partenaire à grands coups de reins. Ces critères ne déterminent pas la qualité d'un amant, ni sa *virilité**. Au contraire, ce défi d'être au top, de toujours assurer, est une source d'angoisse qui ne fait qu'entraîner les problèmes : éjaculation précoce, troubles de l'érection et manque de désir. D'autres, au lieu de se laisser aller, se focalisent excessivement sur les réactions de leur compagne. La peur de ne pas être à la hauteur et de ne pas lui donner suffisamment de plaisir les empêche d'être entièrement présents dans la relation. Enfin, quasiment tous les hommes croient qu'en cas de dispute, la meilleure façon de se réconcilier est de faire l'amour coûte que coûte. C'est leur façon à eux de prouver leur amour. Malheureusement, en général, les femmes ne réagissent pas à ce genre d'élan.

Selon le Dr Leleu, « quand l'homme fait toujours le premier pas, que ce soit par désir ou par prérogative, il entre à son insu dans un jeu où il risque d'être piégé. [...] Il remet *ipso facto* à la femme le pouvoir d'autoriser ou non de le satisfaire. Redoutable droit de veto qui permettra à certaines de le manipuler par le rationnement. Monnaie d'échange, moyen de chantage, arme de vengeance, le sexe permet à ces femmes d'arriver à leurs fins[10] ».

Les freins psychologiques et physiologiques à l'épanouissement sexuel

En cas de manque de confiance en soi, d'ignorance, de peur, de préjugés vis-à-vis de la sexualité, d'expériences traumatisantes, de dépression, de non-désir ou de dégoût envers leur partenaire, les personnes peuvent présenter des troubles sexuels d'origine psychologique. Des maladies, des infections, certaines opérations chirurgicales peuvent être à l'origine des problèmes physiologiques. Chez la femme, la sécheresse vaginale (surtout à la ménopause), des douleurs, des contractions musculaires peuvent bloquer la pénétration. Chez l'homme, les problèmes érectiles et éjaculatoires peuvent empêcher l'acte de se dérouler dans de bonnes conditions.

L'âge ingrat dans les exemples

Si nous adaptons la caricature à l'âge ingrat, nous voyons que la femme prend conscience de son vagin et de l'usage qu'elle peut en faire. Il existe enfin en tant qu'organe. Tant chez l'homme que chez la femme, une autre partie du corps développe son rôle d'organe sexuel : le cerveau, qui conçoit les fantaisies sexuelles. Il faut ensuite voir dans quelle direction les personnes vont l'utiliser : vers un épanouissement sexuel ou vers une frustration ?

Le couple 3, à la dérive, est empêtré dans l'âge ingrat : Jules joue sur la corde de la séduction et trouve les autres femmes plus intéressantes que la sienne. Julie, elle, ne voit rien de positif dans la relation sexuelle. Le problème de ce couple se situe sur le plan sexuel comme sur le plan relationnel.

Dans le couple 4, où la femme n'a pas suffisamment érotisé son corps et invente toutes sortes

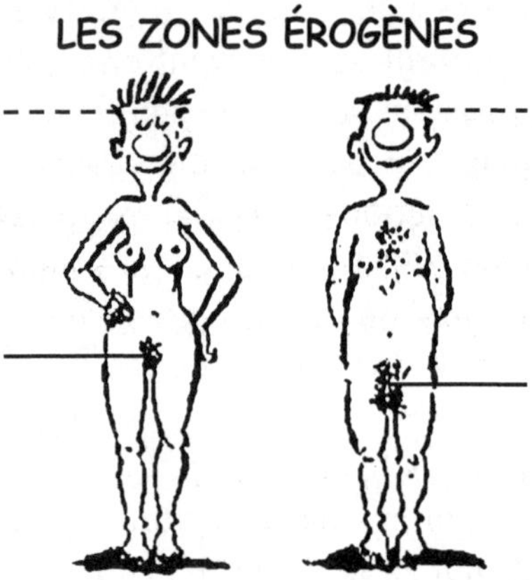

Zones érogènes à l'âge ingrat.

d'excuses pour éviter les rapports sexuels, on peut considérer que Michel, bon amant doté d'une forte libido, a dépassé l'âge ingrat. N'empêche, c'est un homme frustré. Il n'a pas trouvé en Michaëla la femme qui lui convient. Comme il est trop entreprenant, elle aime allonger les périodes d'abstinence. Au premier contact, elle lui reproche de ne penser qu'à « ça » et d'être un obsédé, alors qu'elle n'a envie que de tendresse.

Tout rapprochement physique de la part de Michel est perçu par sa femme comme une tentative pour l'obliger à un rapport sexuel. Michaëla s'y refuse en fournissant divers prétextes. Ces rebuffades sont vécues par Michel comme une remise en question de son amour et de ses compétences sexuelles. Il s'interroge. S'il insiste pour avoir des rapports sexuels, cela risque d'augmenter l'aversion de Michaëla, mais, en ne faisant rien, il ne lui permet pas d'avoir une expérience sexuelle positive. Plus il demande du sexe, plus il est repoussé. Plus elle demande de l'intimité, plus il se tient à distance. Une lutte pour le pouvoir s'installe et crée une tension grandissante dans ce couple.

Dans le couple 5, Pascal sait qu'il n'est guère porté sur le sexe. Apparemment, quelques éjaculations par an lui suffisent. La libido de sa femme est supérieure à la sienne. Après avoir longtemps cru que son manque de désir était lié à ses tracas professionnels, Pascal a découvert que son manque de désir sexuel était plus fondamental. Même quand tout va bien, il n'est pas demandeur de sexe.

Selon Willy Pasini, « aujourd'hui le désir semble grippé ; il oscille entre le libidogramme plat de celui qui n'a plus d'envie et les excès compulsifs des harceleurs. [...] La société occidentale a fait de nous des consommateurs insatisfaits et les autres désirs ont fini par réduire au silence le plus élémentaire de tous, l'envie de se rapprocher d'autrui, de créer une intimité. [...] Et l'on enregistre une augmentation croissante du nombre de personnes qui considèrent que le sexe engendre plus de complications que de satisfactions, et qu'il vaut donc mieux s'en passer[11] ».

Ainsi, de nombreuses personnes, auxquelles faire l'amour n'apporte pas la satisfaction espérée, passent toute leur vie dans l'âge ingrat, où le rapport entre un homme et une femme demeure une négociation permanente.

L'âge mûr

De très nombreuses femmes connaissent un début de vie sexuelle sans grand plaisir. Certaines, avec le temps, parviennent à trouver le chemin de la félicité sexuelle et à passer de l'âge ingrat à l'âge mûr, étape où la personne atteint la maturité sexuelle. Pour vivre une sexualité épanouie, il faut transformer un lien amoureux en une relation affective sexualisée durable. Une ambiance de sincérité, de confiance, de communication verbale et d'intimité permet de se laisser aller et de s'abandonner complètement à l'expérience sexuelle. C'est alors que la félicité sexuelle peut être atteinte, si la femme érotise son vagin et si l'homme apprend à retarder son éjaculation.

Comment travailler la sensibilité des organes génitaux

Il peut travailler à désensibiliser son pénis afin de retarder l'éjaculation. Pour ce faire, on préconise en général les méthodes utilisées dans le traitement de l'éjaculation précoce. Le but, pour le patient, est d'apprendre à intensifier ses sensations érotiques pour mieux percevoir la sensation préorgasmique et exercer un contrôle volontaire sur le réflexe éjaculatoire afin d'éjaculer au bon moment, quand lui et sa partenaire le désirent.

On préférera, à cet égard, les méthodes naturelles par lesquelles les hommes apprennent à différer l'orgasme et à mieux gérer leur excitation sexuelle. La plus facile consiste à se décalotter le pénis plusieurs fois par jour pour le laver. Quant à la circoncision, préconisée par certains comme le meilleur moyen pour désensibiliser le gland, elle n'est en général d'aucun secours. La meilleure façon d'apprendre à ne pas dépasser le point de non-retour, seuil au-delà duquel l'éjaculation est inévitable, c'est la masturbation. Par cette pratique, l'homme s'habitue à contrôler son éjaculation en arrêtant la stimulation juste avant que l'excitation ne soit trop intense. Il prend son temps (c'est une bonne idée de s'habituer à prendre son temps, parce que la femme doit généralement être stimulée plus longtemps pour parvenir à la jouissance), se détend et fait durer le plaisir jusqu'au point de non-retour en variant les caresses. Il répète l'exercice pendant plusieurs jours jusqu'à maîtriser son éjaculation.

Plus tard, pendant le coït avec sa partenaire, si l'envie d'éjaculer devient trop forte, il se retire pour comprimer avec ses doigts pendant une dizaine de secondes la base du gland. Cette manœuvre, qui fait disparaître le besoin d'éjaculer, est appelée la technique de « squeeze » et peut aussi être pratiquée par la femme. Quand l'homme aura progressé, il pressera son pénis un peu plus bas, au niveau de la base, alors qu'il sera encore en elle.

Le couple évitera la position du missionnaire, qui enserre trop fortement le pénis, et préférera les positions latérales, en levrette ou la *position d'Andromaque** (la femme se place à califourchon sur l'homme allongé sur le dos), qui permettent à l'un ou l'autre d'accéder facilement à la base du pénis.

Quand l'homme aura appris à se maîtriser, le couple abandonnera cette technique de squeeze pendant les rapports. Le partenaire se contrôlera en se détendant, en respirant lentement et profondément, en ralentissant ses mouvements ou bien encore en contractant fortement les muscles du périnée qui servent à stopper la miction. En même temps, il pensera à d'autres choses : son travail qui n'est pas terminé, la liste des courses à faire, la facture du gaz qu'il a oublié de régler, le coup de fil à maman... Plus tard enfin, il n'aura plus besoin de se contrôler et pourra se concentrer facilement sur ses sensations et celles de sa partenaire.

Le vagin aussi, ça se travaille. Son intérieur est très peu sensible au contact et l'on a même pensé, pendant des siècles, qu'il était complètement insensible. Au contraire du clitoris, il contient très peu de capteurs sensoriels et il faudra des années de pratique sexuelle, beaucoup d'expériences et d'entraînement pour l'érotiser, l'ouvrir aux sensations de plaisir et le laisser s'épanouir. De plus, comme il se situe à l'intérieur du corps, il a été très peu touché, exploré, caressé, et se révèle mal entraîné au plaisir, contrairement au clitoris ou au pénis, qui, eux, ont vécu de multiples expériences, comme le contact avec les vêtements, la main ou le jet de la douche.

Jusqu'à aujourd'hui, il n'existe aucune étude mettant en corrélation la distribution du système nerveux du vagin et la capacité à obtenir un orgasme vaginal. On peut donc spéculer sur le fait que les femmes ayant une bonne innervation sont plus aptes à érotiser leur vagin, ou bien que celles qui développent davantage d'orgasmes vaginaux augmentent ainsi leur innervation vaginale. Tout est question d'entraînement. Il faut encourager l'autoexploration intravaginale. La femme recherchera les zones sensibles, en particulier le point G, ainsi désigné en l'honneur du gynécologue allemand Ernst Gräfenberg, qui l'a décrit en 1944 comme étant une zone érogène, riche en corpuscules sensoriels. En réalité, il ne s'agit pas d'un point, mais d'une zone située sur la face antérieure du vagin, à 5 centimètres environ de l'orifice vulvaire, en dessous de la base de la vessie. Sa stimulation aurait pour effet de provoquer des orgasmes vaginaux chez certaines femmes.

Après cette rééducation sensorielle, la femme doit s'attaquer à la rééducation musculaire : la méthode dite « pipi-stop » permet de localiser les muscles pubo-coccygiens, ou « muscles de l'amour ». La personne commence à uriner puis s'arrête en pleine miction. Cet exercice répété lui permet de concentrer toute son attention sur les sensations voluptueuses que suscitent les contractions pubo-coccygiennes qui vont l'aider pendant le coït.

L'amour et l'intimité

Une rencontre amoureuse à l'âge mûr sexuel nécessite que chacun ait développé au préalable un niveau d'individuation suffisant. Dès la prime enfance, si l'amour et l'attachement avec les parents ont été présents, et si plus tard la séparation avec eux s'est faite sans traumatisme particulier, l'individu est prêt à une intimité dans sa vie de couple. Il peut s'engager sans crainte dans la relation.

Tout cela n'exclut pas que des personnes ayant eu une enfance difficile puissent connaître la félicité sexuelle, si elles rencontrent un partenaire fiable.

Les fantasmes et les orgasmes

Dans l'évolution de la sexualité d'une personne, l'apprentissage constitue un facteur extrêmement important, chez l'homme mais surtout chez la femme. Avant même de s'atteler à la tâche, il faut *penser* à la sexualité. La plupart des hommes reviennent, plusieurs fois par jour, sur leurs fantasmes, ce que la majorité des femmes ne fait pas. Elles ont peu ou pas de fantasmes sexuels, et lorsqu'elles pensent à la sexualité, c'est le plus souvent en termes de devoir à accomplir. Pour certaines femmes, un bon moyen de cultiver l'imaginaire sexuel passe par la lecture érotique. Pour avoir accès à son expérience orgastique, la femme doit acquérir la capacité de s'abandonner à son expérience sexuelle, de lâcher prise, de se vivre comme sujet érotique et d'accepter la virilité de son partenaire.

Des auteurs ayant étudié les fantasmes des femmes en fonction de leur type d'orgasmes (clitoridien ou vaginal) constatent des différences sensibles : « Les vaginales semblent accorder une plus grande valeur à la puissance phallique, [...] parviennent à érotiser à la fois le pénis et l'agressivité masculine. Cet investissement de la différence sexuelle semble aller de pair avec l'investissement de sa propre corporalité et le besoin sous-jacent d'être posée comme "objet de désir". [...] Le fait de libérer la sexualité de toute complication sentimentale et de la réduire à une fonction strictement de plaisir permettrait à ces femmes d'accéder à une plus grande excitation et à une plus forte décharge pulsionnelle[12]. »

La maturité sexuelle

L'homme d'âge mûr, sexuellement parlant, acquiert la capacité de ne pas placer les organes génitaux au centre de l'érotisme. Il maîtrise la technique des caresses, sait contrôler et retarder son éjaculation pour partager le plaisir le plus longtemps possible avec sa partenaire.

La femme mature sexuellement devient pleinement actrice de sa sexualité. Elle a identifié les repères corporels de son plaisir, se représente son vagin comme un organe actif et arrive à l'érotiser. Elle relâche le contrôle de la réalité, se laisse aller dans la volupté. Si elle est dans une relation impliquant en outre amour et confiance envers son partenaire, elle atteint alors le summum du plaisir. Tout son corps tend vers l'orgasme.

Les deux partenaires se donnent des caresses sur tout le corps. Ils ne se focalisent pas sur les petites imperfections corporelles (surtout celles liées à l'âge), ne bloquent pas la montée de l'excitation. Les grimaces orgasmiques sont perçues comme un don à l'autre. Le couple a une vision saine de la sexualité et le plaisir de l'un contribue à celui de l'autre.

L'âge mûr dans les exemples

Au stade de la maturité sexuelle, on découvre que la sexualité consiste à exprimer son affection, à apprendre à érotiser son partenaire et à engager sa sensualité. Pour cela, il faut une certaine connaissance de son plaisir, donc de son propre corps. La masturbation joue, à ce titre, un rôle important. On part à la découverte de son corps et de celui de l'autre. La chair et le cerveau sont engagés dans la recherche du plaisir, en sollicitant toutes les zones érogènes et en les développant.

Dans le couple 4, Michel est un adepte des jeux sexuels. Sa femme le dit aussi, c'est un excellent amant. Il aime les préliminaires autant que le coït. Sexuellement parlant, il est parvenu à l'âge mûr. Cependant, faute de partenaire adéquate (Michaëla a une très mauvaise image d'elle-même et s'investit davantage dans la vie familiale que dans les jeux sexuels), il n'arrive pas à s'épanouir.

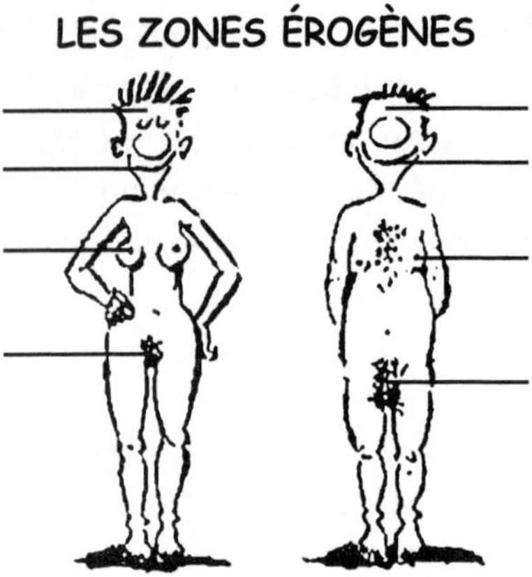

Les zones érogènes à l'âge mûr.

Pascaline, la femme du couple 5, qui possède une forte libido, est également dans l'âge mûr sexuel. Son mari ne répondant pas à ses besoins, elle trouve la volupté dans les amours extraconjugales.

Après un long cheminement, les membres du couple 6, Constant et Constance, sont arrivés ensemble à l'âge mûr. Ils évoluent continuellement dans la maturité sexuelle. Pour accepter sa féminité, il a fallu que Constance croie et accepte l'assurance de son mari qu'elle est belle et désirable. Elle a trouvé dans le regard de Constant tout ce qui la définit et la valorise.

Dans l'idéal, il faudrait pouvoir érotiser la personne qu'on aime et aimer la personne qu'on érotise. Un tel système ne pourrait fonctionner sans une certaine stabilité des partenaires et une longévité de la relation.

L'âge d'or

L'âge d'or sexuel est une époque où le sexe se pratique sans a priori, sans tabous. La sexualité s'intègre dans la vie du couple pour être une chose naturelle, et non une activité extraordinaire. Les personnes se laissent aller au plaisir, n'ont aucune retenue et pratiquent l'art de faire l'amour dans le respect mutuel.

En réalité, il est beaucoup plus facile à long terme d'atténuer le désir sexuel pour un même partenaire que de l'entretenir. La plupart des ménages de longue date ont une routine établie, pratiquent toujours le même type de rapports et trouvent évidemment leur vie sexuelle ennuyeuse. C'est la permanence du désir dans le temps qui pose aujourd'hui un problème de couple spécifique. Seule une poignée de conjoints de longue durée arrivent à s'arracher de ces clichés, mènent une vie à deux très enrichissante et atteignent la pleine maturité sexuelle. Ils sont dans l'âge d'or de la sexualité !

La pleine maturité chez l'homme

Au début de sa vie sexuelle, tout homme se présente comme un éjaculateur précoce et peut continuer, durant toute son existence, à faire l'amour uniquement pour éjaculer. Si certains parviennent à la maturité naturellement, d'autres doivent beaucoup s'exercer. Une fois qu'il y est arrivé, un homme n'a plus besoin d'utiliser des artifices comme la méthode de squeeze ni de penser à autre chose pour faire diversion. Il a acquis la maîtrise de son éjaculation et il peut dès lors s'abandonner au plaisir et à la fusion avec sa partenaire.

Un homme dit puissant ne se résume pas à une érection et à une éjaculation. C'est avant tout celui qui comble, qui fait jouir sa partenaire. Dans le *Livre de bord de la vie sexuelle*, la définition du meilleur amant est donnée comme suit : « C'est celui qui se révèle être le meilleur support des attentes de tendresse, de communication et des fantasmes érotiques de sa partenaire. Il est celui qui ne la remet pas en question ni dans son corps, ni dans sa féminité, ni dans son esprit, ni dans sa manière d'être. Autrement dit, il est l'homme qui sait le mieux lui ménager un climat de sécurité[13]. »

Pour un autre auteur, « il est aussi celui qui comble, qui fait jouir (ou tente de le faire) et vérifie son image par le plaisir qu'il donne. Il se doit d'activer cette dimension masculine mais en la mettant sous la dépendance de l'autre, en se décentrant, confiant à sa partenaire l'évaluation de sa masculinité[14] ».

L'homme sexuellement mature n'est pas seulement celui qui procure beaucoup de plaisir à la femme, c'est aussi celui qui a érotisé son propre corps. Il atteint un degré de volupté élevé en sollicitant les attouchements, les caresses, les excitations (sur plusieurs parties de son corps) que sa partenaire, expérimentée dans l'art érotique, aura appris à lui prodiguer.

La pleine maturité chez la femme

La plupart des femmes ayant des réactions orgastiques et se sentant sexuellement accomplies ont atteint la pleine maturité sexuelle vers la fin de la trentaine ou la quarantaine (voire plus tard). Elles ont acquis une bonne connaissance de leur corps, à être tolérantes vis-à-vis de leurs éventuels défauts, qu'elles ont appris à accepter. Leur confiance en elles-mêmes est accrue si elles sont appréciées physiquement par leur partenaire. Ces femmes connaissent bien les positions, les points de sollicitation qui leur procurent le plus de plaisir. Évidemment, tout cela n'est acquis que par l'apprentissage, qui joue un grand rôle dans l'évolution de la sexualité féminine. Avec l'expérience, les techniques érotiques s'adaptent mieux aux exigences de la personne. Ces femmes savent ce qu'elles désirent et ce qui les fait réagir, et elles aiment passer beaucoup de temps dans les échanges amoureux.

La femme sexuellement mature n'a pas peur de l'homme... ni de son sexe ! Elle connaît les parties érogènes de son amant et les bonnes techniques pour lui donner du plaisir sans éprouver forcément la sensation d'être un objet sexuel. Elle ne rechignera pas à prodiguer à son compagnon de longues caresses qui l'exciteront à son tour. Pour elle, la relation sexuelle n'est pas une corvée mais un jeu où elle se réalise.

La sexualité... au niveau de l'art

L'âge mûr permettait de se focaliser sur la sensibilité des organes génitaux et de rares zones érogènes. Dans l'âge d'or sexuel, le sujet peut sensibiliser chaque millimètre de son corps, du lobe de l'oreille jusqu'au gros orteil, en fait toute sa peau (de 1,5 à 2 mètres carrés de surface). Les zones érogènes secondaires sont explorées en couple. Même si la femme et l'homme se concentrent sur leurs zones érogènes, le sexe n'est plus seulement une question de technicité, mais aussi de relation et de confiance. L'homme accepte alors sa part féminine, et de ce fait a des jouissances « féminines » (pas uniquement dans l'éjaculation). Cela lui permet de voir l'acte sexuel comme une sensation de plaisir dans la durée. Par ailleurs, la femme sait prendre les rênes pour arriver au plaisir et donc accepte sa part masculine. Tous deux pratiquent toucher, caresses, baisers, des gestes qui, appliqués à ces zones stimulent graduellement le plaisir et préparent à l'union totale. Il n'existe pas de manière de faire universelle car chaque personne a ses sensibilités propres, qui d'ailleurs varient selon les circonstances. Il faut du temps pour découvrir ces particularités et apprendre comment amener son conjoint à la pleine jouissance sexuelle. Une certaine maîtrise des gestes de l'amour fait aussi partie de cet apprentissage, permettant aux couples une meilleure connaissance de leur corps et de leurs réactions.

Au début de l'acte, les deux partenaires ont tout intérêt à s'attarder sur les préliminaires érotiques avec des caresses explorant la géographie de l'autre en recourant aux mains et à la bouche. C'est tout l'art délicat du baiser, de l'étreinte, du rapprochement sexuel. Cette période privilégiée permet de créer une scène de plaisir et un climat de sécurité et d'abandon, préparant le coït par la bonne qualité de l'érection et la lubrification du vagin. La muqueuse vaginale révèle son optimum de sensibilité une fois qu'elle est chaude, rouge et gonflée, ce qui nécessite plusieurs minutes de stimulation et beaucoup de désir.

Pendant l'acte sexuel, la femme se détend, lâche prise pour concentrer son attention sur quelque fantasme érotique, sur les contractions de ses muscles vaginaux, sur les mouvements du coït, sur sa respiration ou celle de son partenaire.

Les partenaires synchronisent le rythme d'une danse d'amour dont ils peuvent choisir la cadence. La posture d'Andromaque est vivement conseillée. La femme peut ainsi moduler l'inclinaison pelvienne, le tempo et l'amplitude des mouvements. Le but est de susciter des sensations érogènes et de voir ce qui est le plus efficace. Dans un second temps, ils prendront d'autres postures. L'homme apprend à refréner ses ardeurs, s'adapte aux mouvements demandés par la femme pour que les sensations voluptueuses surviennent dans son vagin.

Après l'orgasme, il convient de prolonger l'intimité des corps et de l'esprit par les mots et les caresses.

La sexualité des personnes de plus de 50 ans

À partir de 50 ans, l'homme en bonne santé, heureux en couple, est moins concerné par l'anxiété de l'échec, comparativement à un homme plus jeune ou à un coureur de jupons. Avec l'âge, il sait ce qu'il veut, gagne en confiance, est moins complexé. Même si sa fonction sexuelle diminue, côté satisfaction, il est au top.

La femme de plus de 50 ans a en général résolu la plupart de ses problèmes familiaux, comme l'éducation des enfants. Disposant de davantage de temps, théoriquement elle peut s'adonner plus facilement aux jeux sexuels. Cependant, nous l'avons vu, la sexualité d'une femme ménopausée est liée dans une grande mesure à sa sexualité d'avant la ménopause, les rapports sexuels réguliers prévenant l'atrophie vaginale. En cas de sécheresse vaginale, soit le couple prend plus de temps pour faire l'amour, soit la femme utilise un lubrifiant.

L'évolution de la sexualité dans le couple

Les femmes ont la ferme conviction que tant qu'elles aiment un homme, elles vont automatiquement continuer à faire l'amour. Rien n'est plus faux. Que de femmes amoureuses ont abandonné la sexualité depuis longtemps !

Dans la grande majorité des couples, au début de la relation, la sexualité est source de plaisir pour les deux partenaires, et la fréquence de leurs rapports généralement élevée et désirée d'identique façon ; mais une fois la lune de miel passée, lorsque le désir et l'excitation s'essoufflent, elle se révèle insuffisante... surtout pour la femme. Aussi est-ce le plus souvent l'homme qui conserve le plus haut niveau de demande.

Quelle que soit la fréquence sexuelle, si les besoins des deux partenaires sont parallèles, alors on verra que l'harmonie dans le couple est préservée. Si chacun est satisfait par l'absence totale de relation ou, au contraire, par plusieurs coïts par jour, les « appétits sexuels » étant au diapason, il n'y aura pas de tensions entre eux. Les problèmes surgissent quand il y a un déséquilibre entre le désir sexuel des deux, surtout si c'est toujours le même qui est en demande et est régulièrement repoussé.

La sexualité peut donc être source de satisfaction, de bonheur, de complicité dans un couple, ou, au contraire, d'humiliation, de rejet, de souffrance et de déchirement. Pour entretenir la flamme du désir, les couples qui durent introduisent régulièrement de la nouveauté, du jeu, du piquant dans leur sexualité, tout en améliorant leur complicité et leur relation affective.

Le dialogue est capital pour ce faire : chacun exprime clairement son désir, ce qu'il aime ou n'aime pas. Ensemble, confiants dans la solidité de la relation, les protagonistes commentent leurs relations sexuelles. Ainsi, ils peuvent introduire des expériences variées.

Dans les couples sexuellement matures, pour faire durer le plaisir dans le temps, la femme prend les commandes et l'initiative pour amener son mari à quitter les sentiers battus. Elle est, en effet, la plus demandeuse d'« originalité » puisque, désormais, le coït de routine ne lui apporte qu'une satisfaction limitée. Elle fait appel à son imagination et à son expérience pour introduire des éléments de surprise dans l'activité sexuelle du couple, au lieu d'attendre patiemment que la flamme se rallume un jour. Elle devient une initiatrice et propose de nouvelles manières de faire. Évidemment, prendre des initiatives exige du courage : il faut faire preuve à la fois d'audace et d'autonomie, tout en renouant avec ses propres désirs.

Pour nombre de femmes, le contexte affectif a une valeur primordiale en ce qui concerne l'acte sexuel. Leur plaisir est décuplé si la technique de l'amant est bonne. Pour les hommes, visualiser le plaisir féminin est l'un des principaux moteurs du désir, à la condition que la femme veuille bien le manifester... avec naturel ! L'homme mature sexuellement ne trouve pas érotique une femme qui reste impassible pendant l'acte, ne bouge pas et fixe les yeux au plafond... pour compter les mouches.

L'âge d'or dans les exemples

On affirme souvent que le cerveau est l'organe sexuel par excellence. C'est vrai, mais il n'est pas le seul. De rares personnes arrivent à faire de tout leur corps une zone érogène. Sur notre peau tout entière peuvent s'inscrire nombre de sensations délicates, subtiles.

LES ZONES ÉROGÈNES

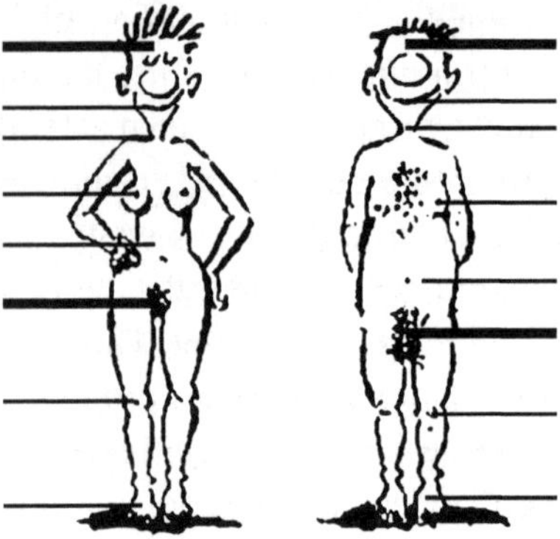

Les zones érogènes à l'âge d'or concernent tout le corps, avec beaucoup d'intensité.

Les personnes ayant atteint l'âge d'or de la sexualité passent beaucoup de temps à se prodiguer des caresses non sexuelles pour tenir leur corps en éveil. Pour ce faire, elles utilisent les mains, la bouche, ou n'importe quel objet. Celui qui prodigue massage ou caresses dirige son attention sur le plaisir qu'il procure, et l'autre se concentre sur les sensations éprouvées, sans laisser son esprit vagabonder.

Le couple 7 – couple recomposé –, arrivé à la maturité sexuelle sur le tard, sait se mettre en appétit. Alexandre et Alexandra font l'amour aussi bien en gestes qu'en mots. Ils nourrissent leurs fantasmes et enrichissent leur relation amoureuse. L'aspect visuel est important pour tous les deux. Quand ils ont une libido élevée, ils pratiquent ensemble la masturbation. Ici, on ne peut plus parler de plaisir solitaire, mais d'une forme de sexualité qui renforce la relation et permet la pérennité du désir. Quand leur libido est basse, ils visionnent des films érotiques pour se mettre dans l'ambiance. Pour Alexandra, ces images ne servent pas à compenser un manque quelconque mais jouent un rôle additionnel dans l'excitation du couple. C'est un plus, capable de pimenter leur relation amoureuse.

Que dire du couple 8, sinon qu'il s'agit d'un couple heureux ? Valentin voit dans sa compagne les trois femmes dont s'entourait l'homme victorien : l'épouse, la maîtresse et l'amie. Son projet de vie, il l'a bâti avec elle. Même quand ils étaient jeunes, Valentin et Valentine ont toujours su se projeter dans l'avenir. Si la ménopause n'a pas été fatale pour cette dernière, c'est parce que son mari l'avait préparée à l'idée, des années auparavant.

Ils parlent d'intelligence sexuelle. Pour Conrad & Milburn, « l'intelligence sexuelle n'est pas une affaire de chance, de beauté ou de sex-appeal. Elle dépend d'aptitudes que l'on peut acquérir, améliorer, maîtriser au fil du temps[15] ». C'est la capacité de réconcilier le corps et l'esprit. L'être sexuellement intelligent possède la capacité de connaître son propre corps, ses désirs, d'accepter ses pulsions, de se sentir bien dans sa peau et de faire les bons choix. Il sait faire preuve d'écoute, parle à sa partenaire de sa sexualité et comprend la *personnalité* sexuelle* de l'autre. Pour être arrivée à cette intelligence sexuelle, Valentine dit qu'elle le doit au regard de son mari, et Valentin, à la capacité que sa femme possède de se trouver attirante, désirable. Lequel de la poule ou de l'œuf était là le premier ?

Faire l'amour est une chose sérieuse à prendre avec légèreté. L'esprit ludique, créatif, est indispensable à une sexualité riche et généreuse. Les couples qui parviennent à l'âge d'or de leur développement sexuel investissent de l'énergie et des efforts dans leur relation et ne se laissent pas intimider par les obstacles ou même par les épreuves de la vie. Ils accordent du temps et de la place à la sexualité, à l'affection et à l'intimité dans leur couple.

3.

Les motivations sexuelles

> « Les hommes ont besoin de faire l'amour pour se sentir bien, les femmes ont besoin de se sentir bien pour faire l'amour. »
>
> Christophe Marx, *Psychologies*, hors-série, 2004

Selon la psychologie, on appelle motivation tout ce qui nous pousse à agir, volontairement ou non, qu'il s'agisse d'instinct, de pulsions, de besoins ou de désirs, et tout ce qui tire un individu en avant (ses buts, ses attentes).

En 1905, Freud[1] décrit la libido, ou pulsion sexuelle, comme une force interne, à la différence d'une stimulation qui proviendrait d'une source extérieure. Elle se traduit mentalement sous la forme d'un puissant désir. Le but recherché est alors de réduire les tensions. Pour la plupart des théories psychologiques (psychanalytique, comportementale ou cognitive), la satisfaction qui résulte d'un comportement provoque l'envie de recommencer. De même, la réussite obtenue à l'issue d'une tâche encourage la répétition de cette tâche. Après avoir accompli une action, l'individu compare les résultats obtenus aux objectifs qu'il s'était fixés, ce qui l'amène, selon les cas, à poursuivre ou à cesser l'action entreprise.

Si ces théories sont applicables à la majorité des hommes concernant la sexualité, il n'en est rien pour nombre de femmes. Effectivement, bien qu'ayant obtenu des orgasmes et de la satisfaction sexuelle, elles ne font rien pour renouveler l'expérience : elles ne vont pas vers le conjoint ou refusent ses avances. Pourquoi ? Oublient-elles que le sexe, c'est bon ? Peut-être. Ont-elles d'autres raisons de ne pas reproduire le plaisir obtenu précédemment ? Sûrement. Les causes doivent probablement être multiples : sexualité pas si satisfaisante que cela, inexpérience du partenaire qui utilise sa compagne comme un objet, routine lassante, paresse, etc.

Quelles sont les raisons qui poussent les sujets à faire l'amour ? Je vais tenter de répondre à cette question pour des couples hétérosexuels stables de longue durée.

Les motivations sexuelles se répartissent en deux phases. La première est la sexualité de la découverte ou de la curiosité, que la plupart des humains expérimentent. Plus tard, débute la seconde phase. Certaines personnes vont tout faire pour éviter la corvée de l'accouplement. En général, c'est l'un des membres du couple qui se donne le droit de refuser tout rapport ; plus rarement, mari et femme décident d'un commun accord, ou tacitement, de cesser les rapports sexuels. D'autres vont poursuivre les rapports charnels en structurant leur sexualité sur différents niveaux, en visant différents objectifs : sexualité procréatrice, sexualité du devoir, sexualité marchande, sexualité pour l'hygiène, sexualité de la communication et, enfin, sexualité hédoniste.

La sexualité de la découverte, ou de la curiosité

Au début de la vie sexuelle, tout est nouveau. La plupart des gens sont curieux ; ils veulent apprendre et essayer. D'autres, sous l'influence d'une histoire personnelle troublée (éducation stricte, préceptes religieux, ignorance, complexes, peur, culpabilité, violences sexuelles, etc.), ne sont guère motivés pour entrer dans la relation (hétéro)sexuelle.

En général, pour un homme, l'entrée dans la sexualité est aisée, les hormones et le stimulus visuel facilitant l'excitation. Pour la femme, le contexte dans lequel se déroule l'acte a une importance capitale. La curiosité aidant, elle va entrer dans la sexualité mais sans oublier son bagage socioculturel de départ. Au début, ses désirs sont dictés par la passion amoureuse, par l'ivresse de la nouveauté. La technique passe au second plan.

Pour les huit couples cités dans cet ouvrage, chacune des seize personnes concernées a commencé sa vie sexuelle par une sexualité de découverte ou de curiosité. Une fois cette étape terminée, Benoît et Bénédicte (couple 1) se sont mis d'accord pour cesser définitivement tout rapport charnel, car ils n'y trouvaient pas la satisfaction escomptée. Les autres ont continué à faire l'amour, mais avec des motivations différentes.

La sexualité procréatrice

Pour certains, l'activité sexuelle est (ou doit être) orientée exclusivement vers la procréation. La distinction conceptuelle entre sexualité et reproduction a été longtemps censurée, notamment dans le christianisme : « La luxure est un désir désordonné ou une jouissance déréglée du plaisir vénérien. Le plaisir sexuel est moralement désordonné quand il est recherché pour lui-même, isolé des finalités de procréation et d'union[2]. » Cette pensée n'est pas que l'apanage du christianisme. Ainsi, Gandhi affirme : « La sexualité est une chose bonne et noble. Il n'y a rien en elle qui doive nous faire honte. Mais elle est exclusivement destinée à la procréation. Ce serait un crime contre Dieu et l'humanité que d'employer cette énergie à une autre fin[3]. »

Dans le règne animal, pour la grande majorité des espèces, l'instinct sexuel se superpose à l'instinct de reproduction dans le but de la survie de l'espèce. Hormis quelques macaques ou bonobos, seuls les humains sont capables de dissocier sexualité et procréation. Protégés par des moyens contraceptifs, ils s'accouplent pour la recherche du plaisir sexuel.

J'ai eu à maintes reprises la confirmation de ce comportement sexuel (du moins chez l'homme), au cours de mon expérience de plus de vingt ans dans le domaine du traitement de l'infertilité. Certains hommes, quand il s'agit d'avoir des rapports sexuels pour la « bonne cause », lèvent le pied. En revanche, la femme est, la plupart du temps, prête à tout pour procréer. Même si elle n'aime pas le sexe, elle accepte d'augmenter la fréquence des relations. À mon avis, elle est moins poussée par un instinct sexuel contrôlé par des gènes que par une pulsion de grossesse et un désir d'enfant. Cependant, même s'il est difficile de donner des chiffres, il existe un pourcentage non négligeable de couples qui se dirigent vers des PMA (procréation médicalement assistée) plutôt que d'avoir une relation sexuelle. Bénédicte, du couple 1, par sa demande d'insémination, illustre bien ce cas.

Aujourd'hui encore, certaines femmes font l'amour exclusivement pour la reproduction. Une fois assouvie cette envie d'enfant, elles n'éprouvent qu'un faible attrait vis-à-vis d'une pénétration qui ne se justifie plus, du moins à leurs yeux. La seule forme de contraception à laquelle elles souscrivent est l'abstinence. Victoria, la frigide du couple 2, est l'une d'elles.

La sexualité du devoir

Certaines personnes en couple, surtout des femmes, vont s'adonner à la sexualité en faisant l'impasse sur le désir, par devoir, par sacrifice, par obligation ou par peur d'être délaissées. Sous le voile victorien, elles pensent qu'il est de leur devoir de ne pas se refuser à leur conjoint et d'accepter son élan sexuel, comme dans le couple 2 où Victoria, après la sexualité procréatrice, s'est lancée dans celle du devoir. Dans le couple 5, Pascal, connaissant la libido de sa femme, se plie à ses exigences par devoir aussi. Par ailleurs, il sait qu'il n'est pas le seul homme à satisfaire Pascaline.

Certaines femmes se sacrifient pour faire plaisir à leur homme. Elles savent que leur désir n'est pas synchrone avec celui du partenaire, sinon les rendez-vous sexuels seraient rares. Dans le cas où le couple fonctionne sur un rapport de forces, ce sacrifice devient douloureux.

Dans *Le Rapport Hite*, non sans ironie, on peut lire la remarque d'une femme ayant participé au sondage : « Je suis heureuse de voir que la liberté sexuelle fait des progrès, mais je vois trop de femmes qui se croient obligées de baiser, qui abusent d'elles-mêmes et qui se servent de leur sexe pour manipuler les hommes. Mais je pense moi-même que pour le moment, c'est la seule prise que nous ayons sur eux ![4] »

La sexologue Helen S. Kaplan s'insurge contre la crainte, souvent féminine, de se donner juste pour retenir l'homme : « [La femme] doit apprendre à aimer les rapports sexuels parce qu'ils lui procurent du plaisir, et non pas seulement parce qu'ils plaisent à son mari. En un mot, elle doit se sentir assez sûre d'elle-même pour manifester ses propres besoins sexuels sans pour cela avoir peur d'être délaissée[5]. »

La sexualité marchande

À contempler certains couples, on se croirait en plein souk. Tout est calculé, pesé. Si je te donne quelque chose, en échange tu dois me donner cela. La sexualité peut aussi faire partie de ce jeu malsain. On pense souvent que seules les prostituées couchent pour de l'argent, mais nombre d'épouses respectables passent par là afin d'obtenir certains avantages de leur mari.

Beaucoup d'hommes aussi fonctionnent sur le même registre : intimidation économique si leur compagne dépend totalement d'eux ; elle est contrainte d'avoir avec Monsieur des rapports sexuels en échange du vivre et du couvert.

Attention également au « don » qui ressemble à s'y méprendre à une aumône, et qui place l'autre dans la situation du mendiant à qui l'on concède quelques miettes.

Julie, féministe engagée du couple 3 à la dérive, et Michaëla, du couple 4, qui n'a pas érotisé son corps et invente maintes excuses pour éviter les rapports charnels, se soumettent à la sexualité dans cette optique commerciale. Elles disent à leur mari : « D'abord tu vas être gentil avec moi pendant toute la journée, et puis ce soir, on verra... » Dans le couple 2, Victoria sent bien que son mari la traite aussi de cette manière, même s'il ne le formule pas explicitement.

La sexualité pour l'hygiène

Pour certains individus, surtout des hommes, la sexualité est une activité hygiénique, qu'on peut ranger du côté du besoin au même titre que boire ou manger. Ne faudrait-il pas parler de désir et de pulsion, plutôt que de besoin, quand il s'agit de sexualité humaine ? Freud a forgé le terme « libido » pour remplacer cette notion de « besoin sexuel ».

Certes, l'acte sexuel peut être une source de décharge pour les hommes (ainsi que pour certaines femmes) lors d'une période de tensions. Pour eux, faire l'amour c'est libérer son trop-plein de stress et goûter pendant quelques minutes la paix du corps et de l'esprit. L'homme, même quand il est préoccupé par des problèmes, utilise le sexe comme un moyen de se soulager. Sa libido n'est pas inhibée par ses soucis quotidiens. En se concentrant sur son désir sexuel, il trouve une échappatoire à la réalité.

La femme fait, en général, plus difficilement abstraction de ses préoccupations. Sa libido se trouve bloquée même par des petits tracas domestiques ou professionnels.

L'homme est donc capable de pratiquer la sexualité pour se sentir bien, oublier ses soucis et se sentir vivant. D'où l'activité masturbatoire plus ou moins intense de l'adolescent et du jeune adulte mâle. Par la suite, s'il fonctionne sur le registre de la sexualité pour l'hygiène, lors de ses rapports sexuels il ne fera en réalité que reproduire le même comportement... remplaçant sa main par un vagin. En d'autres termes, bon nombre d'hommes ne font que se masturber lors de leurs rapports. Les problèmes surgissent si la femme perçoit que son compagnon se sert de son corps à elle dans le seul but d'évacuer son excès de stress. Le pressentant, elle peut exiger des preuves de l'intérêt sincère qu'il lui porte ; parfois, il s'agit d'une demande de compensation sous forme de petites attentions ou de cadeaux.

Dans le couple 2, Victor va assouvir ses besoins sexuels aussi bien auprès de sa femme que chez les prostituées. Avec ces dernières, il se permet de réclamer certains extras. Dans le couple 3 à la dérive, l'attitude de Jules est ambiguë : court-il par-ci, par-là à cause de son appétit sexuel débordant ou de sa soif de séduction ? Je ne sais pas. Peut-être les deux...

La sexualité de la communication

Plusieurs auteurs[6] estiment qu'au cours de leur existence, la femme évolue de la relation vers le sexe, l'homme, du sexe vers la relation. Autrement dit, dans l'expression « relation sexuelle », la femme privilégie le mot « relation », l'homme le mot « sexuelle ». Bon nombre de femmes recherchent une relation plutôt qu'une performance. Le rapport sexuel n'aura de sens à leurs yeux que s'il leur permet de communiquer leurs sentiments amoureux aux hommes avec lesquels elles partagent leur vie. Quand elle s'engage dans une relation amoureuse, une femme cherche plus ou moins consciemment à satisfaire un besoin fusionnel, à ne faire qu'un avec l'autre, à mêler les corps dans une étreinte délicieuse menant à l'extase sensuelle et sentimentale... Pour elle, si on veut parler de besoin, il en est un, indispensable au bon fonctionnement du corps : c'est l'amour.

Les hommes et les femmes qui vivent en harmonie et pratiquent la sexualité tout en préservant leur relation et en établissant une bonne communication ont davantage de chances d'entretenir leur amour. Un cercle vertueux se crée ainsi puisque le sentiment amoureux vient à son tour nourrir leur sexualité. Dans nos exemples, les trois derniers couples (Constance et Constant, Alexandra et Alexandre, Valentine et Valentin) sont passés par la sexualité de la communication, une sexualité qui permet de communiquer ses sentiments amoureux à la personne qui partage notre vie.

En dehors des exemples cités, de nombreux couples pratiquent la sexualité de la communication qui, outre le plaisir charnel, leur apporte de nombreuses satisfactions autres que sexuelles et raffermit leur amour.

La sexualité hédoniste

L'hédonisme est une doctrine philosophique qui fait du plaisir le but de l'existence. Bien des gens le confondent avec l'épicurisme, doctrine qui veut ramener les désirs au strict nécessaire afin de conserver la tranquillité de l'âme. Le philosophe allemand Ludwig Feuerbach (1804-1872) définit la philosophie hédoniste en ces termes : « Si vous voulez améliorer les hommes, rendez-les heureux ; mais si vous voulez les rendre heureux, allez aux sources de tous les bonheurs, de toutes les joies – aux sens. La négation des sens est à la source de toutes les folies, les méchancetés et les maladies qui peuplent la vie humaine. L'affirmation des sens est la source de la santé physique, morale et théorique. Le renoncement, la résignation, l'"abnégation", l'abstraction rendent l'homme maussade, renfrogné, sale, lubrique, lâche, avare, envieux, sournois, méchant ; le plaisir des sens, à l'inverse, rend serein, courageux, noble, ouvert, expansif, compatissant, libre, bon. Tous les hommes sont bons dans la joie, méchants dans la tristesse ; et la tristesse vient justement de ce que nous faisons abstraction des sens, que celle-ci soit volontaire ou involontaire[7]. »

L'individu soucieux d'hédonisme cessera de considérer son corps comme un étranger. Il le soignera et essaiera de lui donner du plaisir.

« Peu de gens apprennent [...] à éprouver la joie de l'athlète qui brise son propre record, à goûter avec la subtilité d'un gourmet ou à aimer avec le talent qui élève la sexualité au niveau de l'art. [...] Le corps peu entraîné, l'œil insensible, l'oreille non musicale, le palais grossier, bref, les sens sous-développés apportent une information chaotique et des sensations frustes. Si les fonctions du corps ne sont pas développées, la vie a peu de valeur, est morne et triste[8] », souligne le psychologue Mihaly Csikszentmihalyi.

Libérés du souci de procréer, les hommes et les femmes des temps modernes pourraient partager les plaisirs d'une sexualité hédoniste. Seulement voilà, il n'y a qu'un certain (pour ne pas dire tout petit) pourcentage de personnes qui considèrent la sexualité dans une optique hédoniste. L'hédonisme suppose de l'imagination. Il faut savoir inventer et réinventer le désir, le scénariser et mentaliser le plaisir qui en découlera. Le plaisir sexuel n'est jamais aussi intense que lorsqu'on se fait la cour. Un repas en tête à tête qui se prolonge dans des approches sensuelles, massages et caresses, est une façon gratifiante de se faire mutuellement du bien, sans se servir de son partenaire comme d'un objet.

Le goût des bonnes choses vient progressivement avec l'âge et avec une évolution de la sexualité personnelle vers l'âge mûr et l'âge d'or. Pour les adeptes de la sexualité hédoniste, les rapports sont charnels autant que spirituels. Ces sujets se développent individuellement, se préoccupent de l'autre tout en l'érotisant et permettent à l'amour de s'exprimer.

Dans nos exemples, plusieurs personnes ont réussi cette évolution sexuelle en élevant la sexualité au rang de l'art : Alexandra et Alexandre (couple 7), Valentine et Valentin (couple 8). Dans le couple 6, qui est passé par toutes les motivations précédentes, Constance, qui s'est débarrassée de la plupart de ses complexes, a permis à Constant et à elle-même d'entrer de plain-pied dans la sexualité hédoniste. Même s'ils n'ont pas les partenaires adéquats pour mener une vie sexuelle épanouie, Michel (le frustré, dont les élans sexuels sont repoussés par sa femme), du couple 4, et surtout Pascaline, du couple 5, avec son amant, ont les aptitudes pour pratiquer la sexualité hédoniste.

4.

La réponse sexuelle

> « La morale du plaisir vise autrui autant que soi, elle invite à vouloir autant la jouissance de l'autre que sa propre jouissance, l'une étant d'ailleurs la condition de possibilité de l'autre. »
>
> Michel Onfray, *L'Art de jouir*

Ce que les sexologues appellent « réponse sexuelle » désigne la façon dont un organisme réagit à une excitation venue de l'extérieur[1]. Dans la réponse sexuelle humaine, le stimulus est le désir. En cas de passage à l'acte, l'excitation, le plaisir suivent. Ce dernier va crescendo jusqu'à un sommet, le déclenchement de l'orgasme. Par la suite, se déroule la *période* réfractaire*. La satisfaction sexuelle est le sentiment positif qu'on éprouve à l'issue de cette séquence. Ainsi, on pourrait définir l'équation : désir + plaisir + orgasme

= satisfaction sexuelle. Cette séquence optimale peut être interrompue à tout moment.

Le désir sexuel

Le désir sexuel est à la base de toutes les phases de la réponse sexuelle. C'est une notion vague et difficile à définir, parce que subjective. En général, les pulsions des deux sexes sont différentes : le désir de l'homme serait beaucoup plus dirigé vers la génitalité pure, la possession de l'autre et la démonstration de sa « puissance » sexuelle. Pour la femme, c'est la sensation d'être l'élue, désirée et possédée avec un fond affectif qui serait le plus souvent à la source de son désir. Actuellement, il est de bon ton d'exprimer pour un homme son côté féminin et pour une femme, son côté masculin. L'aspiration finale, pour chacun, est de partager le plaisir avec la personne désirée.

Le rôle des fantasmes

Parmi les facteurs qui facilitent l'émergence du désir sexuel, le fantasme occupe une place de premier choix. Il est reconnu comme un élément moteur dans le déclenchement d'une activité sexuelle ; les personnes qui en ont souvent sont plus réceptives à la sexualité. Le fantasme est une représentation imaginaire, en général consciente, qui déclenche une émotion sexuelle. Son rôle est d'accroître le désir et l'excitation sexuelle, de nourrir le besoin, de canaliser et d'orienter l'énergie sexuelle. Le fantasme sur un mode masculin cultive souvent assez peu le romantisme et laisse apparaître l'image d'une sexualité faite de pulsions sauvages, sans interdits.

Les femmes aussi se mettent mentalement dans des jeux de rôles où elles transgressent les interdits et subissent parfois passivement des désirs inavouables. Dans ces fantasmes, il n'y a pas de véritables menaces, dans la mesure où elles contrôlent le scénario. À l'abri du regard et du jugement social, le fantasme permet ainsi d'assouvir ses besoins en transgressant les tabous. De plus, quand la passion s'érode, il peut mettre du piquant et empêcher la routine de s'installer. Les gens ne présentant pas un problème de désir sexuel ont des fantasmes et les utilisent lors de leurs activités sexuelles.

La force du désir chez l'homme et chez la femme

Alberoni a comparé la force du désir des deux sexes : « Pour l'homme, renoncer totalement au sexe est aussi impensable que de renoncer à boire ou à manger. Les difficultés des ascètes et anachorètes chrétiens ne venaient ni de la faim ni de la soif mais bien de leurs fantasmes érotiques obsédants. [...] La femme n'a pas les mêmes besoins. Si elle ne rencontre pas l'homme qui lui plaise, elle préfère se passer de rapports sexuels, et cela pendant des mois, voire même des années. Comme l'a noté Kinsey, les femmes se marient parce qu'elles veulent une longue et stable relation affective avec une seule personne, une maison, des enfants, le bien-être matériel et la sécurité. Les hommes aussi veulent tout cela mais bien peu se marieraient s'ils n'étaient pas sûrs de pouvoir, par ce biais, avoir des rapports sexuels[2]. »

Lors de mes consultations en thérapie, quand je demande à un homme quel est le désir sexuel de sa femme, voici la réponse la plus représentative que je reçois : « Ma femme, vous dites ? Ouh ! Difficile à dire. En tout cas, ce n'est pas la plus chaude que j'ai eue dans ma vie. Je peux même dire que c'est celle qui a le moins de désir, qui est la plus passive dans ce domaine. » L'homme fait tout de suite une comparaison, ce que je ne lui demande pourtant pas. Évidemment, ma question comporte un piège. Immédiatement après avoir reçu cette réponse, je lui en pose une autre : Combien de temps avez-vous vécu avec ces femmes ? L'explication est là : la durée ne dépasse jamais quelques mois, ce qui n'est pas suffisant pour constater que, chez la plupart d'entre elles, la fréquence sexuelle diminue parallèlement à la passion qui s'estompe au fil du temps. C'est seulement une fois que je lui ai rappelé ce fait quasi universel que mon patient comprend que son épouse n'est pas la seule à souffrir de manque de désir sexuel.

Lorsque j'interroge une femme sur le désir sexuel de son mari, voici la réponse que j'entends le plus souvent : « Lui ? Il ne pense qu'à ça ! C'est un obsédé sexuel ! Tiens, puisqu'on aborde le sujet, n'existe-t-il pas sur le marché un médicament capable de diminuer son appétit pour la chose ? »

Bien des patientes recourent aussi à l'argument typiquement féministe selon lequel l'acte sexuel, avec ses étapes obligées (préliminaires, pénétration, coït, éjaculation), est « mécanique » et « ennuyeux », elles se disent fatiguées que le coït en soit la conclusion inévitable, et revendiquent, au nom de cette lassitude, le droit de ne pas faire l'amour[3].

Chez l'homme, le désir est conditionné et sans cesse renouvelé par la *testostérone**. Chez la femme, aussi bien les *œstrogènes** que les androgènes sont impliqués dans le processus du désir sexuel. Les tenantes du féminisme fustigent l'industrie pharmaceutique, estimant qu'elle ne s'intéresse qu'au plaisir masculin. À quand la pilule pour la jouissance de la femme? demandent-elles. Je leur rétorque qu'il n'existe pas de médicaments pour augmenter le désir ni le plaisir des hommes. Les seules pilules en vente traitent la fonction érectile. L'équivalent existe depuis longtemps pour les femmes : les lubrifiants synthétiques, qui facilitent la pénétration mais n'augmentent pas le degré de jouissance. Si ces produits contribuent à la satisfaction sexuelle, c'est parce qu'ils permettent à la pénétration d'avoir lieu.

À l'heure actuelle, la biochimie complexe du désir est loin d'être décryptée. Les groupes pharmaceutiques ne sont pas près de trouver l'interrupteur qui, une fois actionné, garantira le plaisir à chaque fois. Et même s'ils y parviennent un jour, ces industriels devront ensuite s'attaquer à l'obstacle suivant : trouver comment faire naître ou renaître l'amour dans un couple à la dérive !

Néanmoins, le groupe de travail féministe qui s'est penché sur l'analyse des troubles sexuels féminins a, selon moi, totalement raison de souligner : « L'industrie pharmaceutique dans la recherche sexologique et la publicité médiatique perpétuelle de traitements censés être des "découvertes capitales" ont mis en vedette les problèmes physiques au détriment de leur contexte global. Les facteurs qui sont plus souvent l'objet des plaintes sexuelles des femmes, comme les conflits relationnels et culturels, l'ignorance sexuelle et la peur, sont souvent minimisés ou exclus. Le contexte social, politique et économique, comprenant aussi la violence sexuelle, impose des contraintes diminuant l'accessibilité des femmes du monde entier à la santé sexuelle, au plaisir et à la satisfaction. Ces contraintes peuvent également empêcher la réponse sexuelle[4]. »

Le manque de désir sexuel

Quand on dit qu'une personne manque de désir sexuel, il faut distinguer un état permanent ou régulier d'un état transitoire ou occasionnel qui fluctue au hasard des événements de la vie. Ce manque de désir peut être primaire, c'est-à-dire inné, faisant partie intégrante de la personnalité, ou secondaire, c'est-à-dire acquis, consécutif à un événement ou à une mauvaise expérience.

Chez les personnes souffrant d'un manque permanent, ce qui est inhibé, c'est le désir d'avoir du désir. Ces représentations prennent parfois leur source dans un modèle éducatif répressif – c'est souvent le cas dans les milieux sociaux où le plaisir est assimilé au péché. Ces sujets enfouissent le désir sous de multiples épaisseurs de mots, de codes et d'interdits. Si le désir apparaît malgré tout, l'individu détourne son attention de ses émotions ou de ses fantasmes.

De tels sujets sont insatisfaits de la sexualité qu'ils subissent, ils aimeraient avoir des activités sexuelles moins souvent, réagissent de façon moins positive aux avances sexuelles de leur partenaire, réprouvent les représentations de matériel érotique ou pornographique. De plus, ils ont une carence manifeste de curiosité, d'envie de savoir, d'expérimenter toutes choses se rapportant à la sexualité.

À certaines périodes de sa vie, tout être humain peut présenter des baisses transitoires de désir sexuel, pour des raisons soit psychologiques, soit psychosomatiques ou biologiques : un événement déstabilisant, comme le décès d'un proche, la perte de son emploi, une période de fatigue et de stress, un ennui financier ou professionnel suffisent à paralyser les pensées et à le rendre moins réceptif aux messages érotiques. D'autres faits, comme les conflits dans le couple, les dysfonctions sexuelles (problèmes d'érection, d'éjaculation, de *vaginisme**, de *dyspareunie**...), le manque d'hygiène, la culpabilité (relation extraconjugale, fantasmes...), les conditions socio-économiques précaires, la peur du rejet et du jugement, un environnement défavorable (logement exigu, conditions d'isolement sonore déplorables, promiscuité avec les enfants, les parents ou les beaux-parents) sont de nature à induire une diminution du désir sexuel.

Pendant la grossesse et après l'accouchement, le corps de la femme subit des transformations qui remettent en question l'image qu'elle a d'elle-même ainsi que son sentiment d'être désirable, c'est-à-dire « jeune, belle et mince ». De plus, par la maternité, elle est confrontée à la valorisation de la femme-mère, ce qui la prive de désir sexuel.

Le manque de désir sexuel temporaire peut aussi dépendre spécifiquement du partenaire habituel et ne pas s'appliquer avec un autre, ceci étant dû à l'usure du quotidien dans le couple, comme cela arrive fréquemment.

Comment, dès lors, retourner la situation ? Les personnes qui entretiennent leur désir sexuel intact se projettent immédiatement dans des situations érotiques en utilisant leur imagination : elles pensent à des nouveautés en matière de jeux sexuels. Pour y mettre du piquant, elles vont combiner (comme on le ferait en cuisine avec des épices) des endroits, des tenues, des positions, des accessoires différents. Le décor une fois planté, on chasse les idées négatives, les soucis quotidiens et on se laisse aller dans le plaisir...

Le désir sexuel à la ménopause

En consultation de sexologie, je vois souvent des femmes d'une cinquantaine d'années venues se plaindre d'une inhibition de désir sexuel. D'abord, je dois m'assurer qu'elles ne confondent pas le désir sexuel et le désir de plaire. Puis je consacre beaucoup de temps à les interroger sur leur passé. Le terme « inhibition » sous-entend que leur désir aurait diminué avec le temps. Je m'applique à décortiquer l'histoire personnelle de la patiente (je vais faire de même avec l'homme). Si elle arrive avec quelque 15 000 orgasmes à son actif (comme Valentine, du couple 8) et se plaint d'un manque de désir, alors il y a matière à s'inquiéter et un bilan médical poussé s'impose. En revanche, si elle a fait l'impasse pendant des années sur toute activité sexuelle et que, lors de sa ménopause, elle cherche une excuse pour éviter les rapports sexuels, mon approche est très différente car le désir sexuel d'une telle femme est davantage fonction de son histoire personnelle que de son histoire hormonale, la ménopause n'étant pas en cause.

Comment maintenir le désir sexuel chez les couples de longue durée ?

La particularité des sujets « désirants » participe d'une approche positive globale de la vie. Ils sont curieux, ouverts, recherchent le bonheur là où il se trouve. Ils ne forment pas des couples fusionnels ; chacun conserve son territoire propre avec suffisamment d'intimité ; ils sont amoureux l'un de l'autre ; ils ont une capacité à communiquer ; ils sont animés par de bons sentiments et par de l'admiration ; ils se projettent dans l'avenir, savent résoudre et gérer leurs conflits et se respectent. Ils possèdent une bonne affirmation de soi et vont l'un vers l'autre en tentant de se conquérir, de s'attirer mutuellement. La femme n'a pas peur de séduire (ni d'être séduite), elle se sent disponible, attirante, et accepte les avances de l'homme.

Dans le domaine des techniques amoureuses, ils innovent sans cesse, mettent du piquant dans leurs relations sexuelles, se placent dans des contextes différents, jouent, utilisent leur créativité pour sortir de la routine. Ils prennent leur temps et se mettent dans l'ambiance. Pour eux, le sexe est le plus souvent une fête qui recommence. Ils aiment la sexualité et ne l'utilisent jamais comme un rapport de forces. Ils font une différence nette entre l'amour et le sexe : certaines fois, ils ont juste des relations affectueuses ; d'autres fois, c'est juste pour le sexe, pour se faire plaisir. Ils essaient de maintenir toute leur vie une fréquence de rapports sexuels élevée.

Le plaisir charnel

Pour le sexologue, le plaisir charnel ne coïncide pas avec l'orgasme, qui constitue son point culminant. Il inclut toutes les sensations, l'excitation qu'on ressent pendant les jeux de l'amour, de la phase préliminaire et lors du coït. Selon Robert Muchembled, « l'idée du plaisir recouvre une réalité multiforme. Des satisfactions sensorielles aux ravissements esthétiques ou aux béatitudes de la vie spirituelle, en passant par les délices de la table, sans oublier les ivresses perverses, la palette des félicités humaines se révèle immensément variée[5] ». Dans le plaisir sexuel, l'enchantement et l'excitation sont décuplés s'ils sont accompagnés d'émotions, d'échanges de caresses, de paroles, d'amour.

La manifestation du plaisir sexuel

Du point de vue physiologique, le plaisir préorgasmique se manifeste chez l'homme par l'érection, et chez la femme, avec les mêmes mécanismes de commandes nerveuse et hormonale, par la lubrification vaginale. Plus l'homme parvient à retarder son éjaculation et la femme à sensibiliser son vagin, plus ils arrivent tous deux à érotiser leurs zones érogènes, et plus l'intensité de leur plaisir sera importante.

À ce stade, on peut se poser une question cruciale : lequel, de l'homme ou de la femme, prend le plus de plaisir ? Nul ne peut répondre, puisque personne n'a la chance d'appartenir simultanément aux deux sexes... sauf si l'on va chercher la réponse dans la mythologie grecque. Alors que Zeus prétendait que la femme éprouve plus de plaisir que l'homme, Héra, son épouse, affirmait le contraire. À qui demander un avis éclairé, sinon à *Tirésias**, le seul être à avoir l'expérience des deux sexes puisqu'il avait vécu en tant que femme pendant sept ans ? Celui-ci se rangea à l'avis de Zeus. Mal lui en prit de divulguer ce secret, Héra se fâcha et le condamna à la cécité. Pour réparer ce sort, Zeus lui octroya le don de divination.

Les obstacles pour s'abandonner au plaisir

La difficulté de s'abandonner s'explique souvent par le fait que notre éducation judéo-chrétienne interdit l'apprentissage du plaisir. Bien des hommes et des femmes connaissent du même coup une sexualité peu satisfaisante, car l'érotisme n'est pas forcément naturel. Provoquer le plaisir, cela s'apprend !

Certaines femmes rejettent en outre la sexualité parce qu'elles éprouvent une aversion à l'égard de certaines sensations, ou à l'idée d'être observées en état d'excitation : elles ont alors l'impression d'être une

« putain ». Elles ont aussi peur d'être incompétentes, de paraître laides et pas désirables. Nombre d'entre elles éprouvent du dégoût vis-à-vis de certaines formes du comportement sexuel, comme le sexe oral ou anal. Cependant, les jeunes femmes actuelles, attirées précocement par toutes sortes d'expérimentations, ou peut-être témoins des images pornographiques fréquemment divulguées dans les médias, ne paraissent pas avoir la même approche que leurs aînées.

L'orgasme

L'orgasme est défini comme étant le « point culminant du plaisir sexuel ». Il est surnommé la « petite mort », au sens où l'extase nous transporte au septième ciel !

Son obtention dépend du climat conjugal, de la durée des préliminaires et du coït, de la confiance envers son partenaire, mais surtout de notre propre corps qui apprend à se « tendre » vers la montée du plaisir.

La femme qui arrive à atteindre l'orgasme acquiert une solide confiance en soi et se sent plus sexy. Dans des revues féminines, je lis souvent des phrases du type : « Je n'ai pas d'orgasme, mais j'aime faire l'amour, j'ai des bonnes sensations. » Un tel état de fait n'est accepté, le plus souvent, par les deux membres d'un couple qu'aux tout débuts d'une relation amoureuse. Par la suite, les deux partenaires ont pour finalité l'obtention de l'orgasme féminin (voir ci-dessous). Les sexologues pensent qu'un orgasme partagé peut renforcer les liens dans un couple. À ce sujet, Francesco Alberoni soutient l'idée que, « si quelqu'un nous donne un très grand plaisir sexuel, nous chercherons à le revoir. Chaque expérience positive, chaque orgasme, renforce le besoin de l'autre. Si l'expérience du plaisir renouvelé est bilatérale, un lien durable peut s'instaurer entre les deux partenaires, un lien susceptible de résister aux plus graves frustrations[6] ».

L'orgasme au masculin

L'événement central est une série de contractions rythmiques, séparées par des intervalles de 4/5 secondes. Chez l'homme, le passage de l'éjaculat dans la verge (émission) décuple le plaisir, et certains sujets ont l'impression que leur orgasme est d'autant plus fort que le volume du sperme est important.

La masturbation, pour l'homme, est le meilleur moyen de faire l'apprentissage de sa sexualité, de ses zones sensibles, de son corps et d'apprendre à retarder au maximum l'éjaculation. Rappelons que le plaisir solitaire peut être une activité agréable et satisfaisante ; il maintient l'érotisme éveillé chez les individus sans partenaire et, pour ceux qui vivent en couple, permet de soulager la tension sexuelle sans tromper autrui car il y a des moments où l'on n'a pas nécessairement le goût d'avoir une relation sexuelle.

Contrairement aux sujets des âges sexuels naïf et ingrat, l'homme parvenu à la maturité sexuelle contrôle le mieux possible son excitation et le moment de son éjaculation.

Orgasme et éjaculation ne sont pas toujours concomitants, l'un pouvant exister sans l'autre. Ainsi, dans la pratique du *tantrisme* sexuel*, les adeptes sont encouragés à obtenir un orgasme sans éjaculation.

L'orgasme au féminin

N'étant pas un adepte des sondages sur la vie sexuelle, je ne m'attarderai pas sur le pourcentage des femmes capables d'atteindre l'orgasme clitoridien et/ou vaginal, ces dernières étant vraisemblablement plus rares.

Le clitoris est une boule de nerfs qui contient plus de fibres nerveuses que le pénis. L'orgasme clitoridien est un réflexe court et saccadé, comparable à celui que connaissent les hommes. Freud considérait qu'il est propre à l'enfance. Selon lui, à partir de la puberté, la femme susceptible de pratiquer le coït devait transférer le centre du plaisir du clitoris vers le vagin. Faute de quoi, elle était qualifiée d'immature. C'est pourquoi certains professionnels de la sexologie ont taxé de frigidité les femmes n'ayant pas d'orgasme vaginal. Bien sûr, il n'en est rien : une femme ayant des orgasmes clitoridiens ne peut être frigide. Et il ne faut pas sous-estimer les orgasmes clitoridiens.

La femme doit développer l'auto-érotisme clitoridien en trouvant le doigt, la pression et les stimulations efficaces. Les orgasmes clitoridiens une fois apparus, l'auto-exploration vaginale sera encouragée. Avec les doigts, les zones sensibles doivent être recherchées, afin de développer l'érotisme vaginal.

Comment atteindre l'orgasme vaginal ?

Faisons une analogie avec l'apprentissage de la bicyclette. La peur était là : peur de tomber, de ne pas y arriver, d'être ridicule. Le désir de bien faire existait mais on ne savait pas comment s'y prendre. À force de suivre les indications de notre professeur, on parvenait enfin à se laisser aller avec confiance, et l'on tenait sur les deux roues. Le corps ayant enregistré les points d'équilibre, les mouvements corrects, les essais ultérieurs étaient plus fructueux et couronnés de succès. Si l'on échouait, ce n'était pas la faute du professeur qui guidait le vélo.

Revenons maintenant à l'obtention de l'orgasme vaginal. Un jour « béni », certaines femmes y parviennent. Les fois suivantes deviennent plus faciles pour appeler l'orgasme. Et le corps, intelligent, enregistre la façon dont il prend du plaisir, pour répéter ensuite cette agréable sensation. La femme sait que ce n'est pas son partenaire qui lui donne cet orgasme. C'est elle-même, qui, à force d'entraînement, reconnaît les réponses de son corps aux différentes stimulations.

L'expérience masturbatoire peut franchement contribuer à ce résultat. Par cette pratique, la femme explorera les différents points sensibles de son vagin avec les doigts ou avec un objet. Puis elle remplacera les doigts par le pénis. Au moment où elle lâchera prise, elle pourra vivre l'orgasme. Par la suite, elle répétera cet exercice de façon plus active et décontractée, en s'aidant de pensées positives et de fantasmes, et obtiendra l'orgasme de plus en plus souvent. À l'inverse, si elle se met la pression (ou si son compagnon en exerce une), elle peinera à y parvenir ; il faut savoir que la peur de l'échec est la première cause de l'anorgasmie vaginale.

L'orgasme vaginal laisse une impression de plaisir plus longue : « Les spasmes sont les contractions musculaires réflexes de la décharge. Ces contractions musculaires sont principalement localisées dans les muscles abdominaux et le muscle pubo-coccygéen. [...] Elles sont hors du contrôle de la volonté. Cependant, leur apparition peut être facilitée par une mouvance corporelle et une respiration appropriées de même que par une utilisation consciente des muscles concernés lorsque l'excitation sexuelle est suffisamment élevée[7]. »

Ne réussissent dans cet exercice que les femmes ayant accru la sensibilité de leur vagin par un certain apprentissage, et surtout celles qui parviennent à lâcher prise. À partir du moment où la pénétration déclenche du plaisir, leur vagin devient plus sensible et réactif. Plus tard même, elles « appelleront » l'orgasme vaginal en concentrant leur attention sur quelque fantasme érotique ou encore sur les mouvements du coït et les contractions des muscles vaginaux. Certaines mettront des années à y parvenir, mais l'effort en vaut la peine puisque, lorsqu'on leur demande de comparer les deux types d'orgasmes, l'une d'elles répond : « L'orgasme vaginal est le plus beau parce que tu ne peux pas le faire toute seule, c'est quelque chose qui s'offre et se partage. Ça irradie du corps comme une boule de chaleur, une espèce de soleil qui se crée[8]. »

De rares femmes ayant très bien érotisé leur anus et leur rectum obtiennent des orgasmes anaux.

Les manifestations communes aux deux sexes

Pour les deux sexes, les phénomènes qui se produisent dans les organes génitaux durant l'orgasme sont accompagnés de modifications dans le reste du corps. Le pouls, la tension sanguine et la rapidité du souffle atteignent un point culminant. La rougeur sexuelle est plus prononcée. Le visage peut se tordre en une grimace due à la tension de groupes de muscles. Les muscles du cou, ceux des bras et des jambes se contractent habituellement dans un spasme. Enfin, il est courant que ces manifestations s'accompagnent de cris ou de gémissements.

La relation sexuelle ne peut pas toujours être de la même qualité ni de la même intensité. Masters & Johnson[9] situent l'intensité de l'orgasme sur une échelle allant de 1 (faible) à 4 (très intense), la note 5 étant réservée aux *multiorgasmes** de ces dames. Un orgasme léger peut être accompagné de trois à cinq contractions musculaires seulement, et un orgasme intense de huit à douze. Le multiorgasme est une succession d'orgasmes très rapprochés dans le temps au cours du même acte sans qu'il y ait de période réfractaire. Selon l'étude de Kinsey[10], environ 14 % des femmes éprouvent des orgasmes multiples. Ces derniers sont impossibles chez l'homme puisque la période réfractaire après éjaculation va de quelques minutes, chez les plus jeunes, à quelques heures (ou quelques jours) chez les plus âgés.

Quant à la différence qualitative entre plaisir solitaire et sexe à deux, une récente étude[11] nous apprend qu'un orgasme consécutif à un accouplement paraît beaucoup plus satisfaisant que celui dû à la seule masturbation ; en effet, les taux de *prolactine** (hormone qui mesure la satiété sexuelle) analysés après orgasme sont supérieurs tant chez l'homme que chez la femme après un rapport sexuel.

La satisfaction sexuelle

Il s'agit de la résultante de tous les éléments qui composent la réponse sexuelle. Comme c'est une notion subjective et multifactorielle (variable selon le partenaire, l'affectivité, le lieu, les états physique et psychique du moment...), chacune des relations sexuelles apporte une satisfaction sexuelle d'intensité différente.

5.

Aimer le sexe

> « Aimer, c'est avoir du plaisir à voir, toucher, sentir par tous les sens, et d'aussi près que possible, un objet aimable et qui nous aime. »
>
> Stendhal, *De l'amour*

Comme nous l'avons vu, l'hédoniste, avant d'aimer le sexe, se passionne pour quantité de choses. Pour lui, tout est source de plaisir.

Le rapport avec les bonnes choses de la vie

Les bonnes choses existent en quantité, mais, pour faire une analogie avec le sexe, j'en ai choisi quatre : l'œnologie, la gastronomie, le sport et la musique classique. Pour chacun de ces exemples, le parallèle avec la démarche sexuelle est évident : sans apprentissage et sans entraînement, il n'est pas possible de les apprécier à leur juste valeur.

L'œnophile et le gastronome

Pour ressentir le plaisir suprême avec des produits agréables et de qualité, l'œnophile doit passer par un long apprentissage (parfois durant des années) qui exige persévérance et méthode : avant de s'initier à la dégustation, il apprend à connaître les cépages et les terroirs. Il s'agit pour lui de s'offrir du plaisir en phase avec les sens (vue, odorat et goût), tant sur le plan gustatif qu'au niveau de la connaissance du vin. Le goût et l'odeur qu'il perçoit sont fonction de son équipement personnel en récepteurs sensoriels, en partie construits à partir d'éléments extérieurs au vin lui-même (niveau d'apprentissage, situations vécues, ambiance, émotions, contexte, compagnie...). On peut en conclure que le même vin n'aura pas le même goût ni la même odeur si ces éléments sont différents.

L'œnophile a une solide culture du produit et il est curieux, désireux de se perfectionner. Il travaille sans cesse ses sens. Tout cet effort est déployé dans le but d'éduquer et de développer ses papilles. Cependant, cet apprentissage, loin de constituer un travail, fait partie de son art de vivre. Il ira acheter lui-même le vin, le stockera, le débouchera et le dégustera... rarement seul. Son hédonisme est marqué par un goût prononcé pour la convivialité et le plaisir de partager de bons moments avec son entourage. Néanmoins, c'est pour prendre du plaisir qu'il boira, non pour faire plaisir seulement à autrui !

De nos jours, beaucoup de gens ne s'intéressent que fort peu à ce qu'ils ingurgitent, ratant ainsi une riche source de plaisirs. Seul le gastronome qui a appris à développer son palais parvient à distinguer les saveurs et à goûter avec plaisir les mets de différentes régions du monde.

Le sportif

Quand on demande aux hommes et aux femmes les raisons qui les poussent à faire du sport, les mots « santé » et « perte de poids » figurent souvent en bonne place. En effet, si la pratique sportive est désormais l'une des préoccupations majeures de la population des pays occidentaux, c'est parce qu'elle a bel et bien des conséquences positives sur la santé publique : les maladies cardiovasculaires, les affections respiratoires, le diabète, l'obésité, l'insomnie, certains cancers, tous ces fléaux sont minimisés grâce à un exercice physique régulier. La première raison de pratiquer un sport est donc d'ordre purement médical. Cependant, une pratique sportive qui ne reposerait que sur des préoccupations de devoir et d'hygiène risque de s'essouffler rapidement car elle nécessite de la volonté, des efforts, de la persévérance et beaucoup d'entraînement. Le sportif amateur se doit donc de se découvrir d'autres motivations puisque l'efficacité d'une séance dépend beaucoup de son état d'esprit. Il faut que ce soit amusant et que ça lui apporte du plaisir. Plus que d'en faire pour sa santé seule, il doit trouver le sport adéquat dans lequel il se dépassera d'autant plus qu'il l'aimera.

Certains s'y adonnent avec les finalités d'un hédonisme pleinement assumé, parce qu'ils font du sport pour une raison chimique : la production d'*endorphines**. Durant une activité physique, le cerveau produit cette hormone qui possède une vertu calmante, développe l'endurance face aux coups durs, rééquilibre le mental et lutte contre la déprime. Les gens qui font régulièrement de l'exercice tirent plus de bénéfices et de plaisir des choses simples de la vie : de leurs amis, des repas, de leurs loisirs, d'un rayon de soleil...

En outre, le sport contribue au bien-être en permettant aux uns de se surpasser, à d'autres de s'évader et de se « vider la tête », de se détendre et d'évacuer le stress, ou simplement de bien s'amuser. Le bon amateur pratique en général son sport préféré avec d'autres personnes, ce qui lui permet d'avoir une activité sociale et de rencontrer des gens.

Le mélomane

Pour le profane, la musique classique (on peut penser aussi à d'autres formes musicales, le jazz par exemple) est d'un abord difficile. Il ne faut pas nécessairement être doué ou avoir une oreille musicale pour pouvoir l'apprécier ; toutefois, seule la personne qui fait l'effort d'apprendre (en étudiant les genres, les époques, les compositeurs, etc.) et passe des heures à l'écouter arrive à l'aimer pleinement.

Le rapport au sexe

Dans les statistiques, à la question « Aimez-vous le sexe ? » de nombreuses personnes répondent par l'affirmative. Pourtant, ces réponses sont loin de refléter la réalité. Même lors d'une consultation sexologique, on passe beaucoup de temps à chercher la véritable réponse.

Pour mieux comprendre le comportement sexuel des femmes et des hommes, j'utilise une méthode détournée, je leur pose deux questions. La première est : « Vous êtes professeur, vous donnez des cours de morale dans une école laïque. On vous demande de présenter un exposé de dix minutes sur l'éducation sexuelle à des jeunes de 17 ans. Que leur direz-vous ? » La seconde : « Vous partez avec votre compagnon pendant trois semaines en vacances : *sea, sex and sun.* Quelle va être l'importance du sexe ? »

Pour la suite de mon exposé, je vais développer ici trois notions. J'appellerai *sexophiles** les sujets qui « aiment » le sexe ; *sexophobes**, ceux qui « ne l'aiment pas » ; et *intermittents du sexe**, ceux pour lesquels « ça dépend ».

Le sexophile

À la première question posée, le sexophile me répond qu'il s'expliquerait en ces termes : « Le sexe est bon pour la santé, pour l'équilibre du couple, pour le maintien de la relation et pour le plaisir que cela procure. S'il est bien pratiqué, il peut souder le couple et rendre les gens heureux. Dans le cas contraire, il est source de conflits et de frustrations. La sexualité est encore meilleure si elle est pratiquée avec la personne aimée. » Il parle donc en premier lieu des bienfaits de faire l'amour et développe surtout l'aspect hédonique de la sexualité. En bon pédagogue, il essaie de s'affranchir des stéréotypes culturels, de tous les clichés purement romantiques qui encombrent l'imaginaire amoureux et se perpétuent à travers les médias, les romans et les films. Il conseille aux jeunes de se laisser aller dans la passion, car les premiers moments de la vie amoureuse sont merveilleux pour la sexualité. Mais il n'oublie pas de faire comprendre à son auditoire que, une fois la période de l'amour-passion révolue, le sexe n'est plus aussi facile ni instantané, et que l'amour, tout en étant magique, ne se fait pas naturellement. Dans la sexualité, tout est à découvrir, à apprendre, à maîtriser ! Chacun peut parvenir à une vie sexuelle riche et épanouissante s'il fait l'effort d'acquérir la connaissance et le discernement nécessaires sur le sexe. Il souligne qu'une bonne santé sexuelle peut s'acquérir tôt dans la vie et que la meilleure façon d'y parvenir consiste à découvrir son corps, surtout pendant sa jeunesse.

C'est seulement ensuite que le sexophile se lance dans un petit exposé didactique, anatomique et physiologique. Il souligne les différences entre les sexes et montre que, même si la sexualité de l'homme et celle de la femme se structurent sur des niveaux différents, finalement les points de convergence sont beaucoup plus nombreux que les divergences. Ses explications sur l'orgasme féminin sont claires. Il recommande aux jeunes filles d'être patientes en appelant l'orgasme vaginal, tout en leur avouant que cela peut prendre des années. Il déculpabilise les orgasmes clitoridiens. Il insiste sur le fait que la simulation orgasmique est une mauvaise habitude. Aux garçons, il dira qu'ils doivent apprendre à différer leurs orgasmes et à érotiser la totalité de leur corps, comme les filles.

Enfin, pour être complet dans son exposé, il parlera des grossesses non désirées et des *MST**, maladies sexuellement transmissibles, et préconisera l'utilisation des préservatifs.

Sa réponse à la seconde question est du genre : « Pendant les vacances, on en profite au maximum pour se relaxer, pour s'éclater et consacrer beaucoup de temps aux jeux câlins. Cependant, c'est surtout pendant le reste de l'année qu'on garde allumé le feu du désir, malgré les soucis du quotidien. »

Comme l'œnophile, le gastronome, le sportif et le mélomane, le sexophile, qu'il soit homme ou femme, s'exerce. Il s'instruit sans arrêt. Tel l'œnophile qui doit d'abord connaître théoriquement son produit, il s'efforce de découvrir tout ce qui intéresse la personne du sexe opposé. Il veut comprendre l'autre pour interpréter ses signaux. L'œnophile et le gastronome n'aiment pas s'attabler seuls : le plaisir est plus grand lorsqu'on est en bonne compagnie. Dans le sexe, c'est la même chose, on prend plus de plaisir à deux que quand on se masturbe seul.

Le sexophile vit bien son corps, c'est-à-dire qu'il se reconnaît en lui, il l'accepte, se plaît tel qu'il est. Avec l'âge, il apprend à vivre avec d'éventuels problèmes esthétiques, physiques, et ceux liés aux effets du temps qui passe. L'homme érotisera son corps tout entier et désensibilisera légèrement sa verge pour retarder son éjaculation. La femme aussi érotisera tout son corps et surtout son vagin. Comme l'œnophile et le gastronome, qui sensibilisent leurs papilles gustatives, la sexophile sensibilisera tout l'intérieur de son vagin.

Les sexophiles savent que le degré d'une satisfaction ne peut pas toujours être au top et que les activités sexuelles aboutissant à un résultat très satisfaisant ne sont pas la règle. En acceptant cette réalité, ils ne courent pas le risque de subir des frustrations à répétition.

« Femme sexophile » ne signifie pas « femme facile et nymphomane ». Comme toute personne, elle est sensible au charme, à la séduction, même avec son partenaire au long cours. Elle aime les compliments qu'il lui fait sur certaines parties de son corps, et entretient ce dernier avec plaisir. Avant d'aller au lit, quelques mots, quelques gestes sont les bienvenus. Comme toutes les femmes, elle peut être inhibée si elle sait que son mari, ce soir-là, l'utilise comme un sédatif parce qu'il n'arrive pas à s'endormir. Elle a besoin que son homme lui dise qu'il l'aime.

Les hommes et les femmes sexophiles sont ceux qui ont atteint l'âge mûr et l'âge d'or sexuels, ou qui obéissent à des motivations de communication ou hédonistes. Ils maîtrisent leur sexualité sans en laisser le soin aux autres. Ils savent que, pour être satisfaisante, une vie sexuelle nécessite une créativité souvent renouvelée.

Ils ne tombent pas dans la routine. Ils s'aiment, se respectent, se découvrent, travaillent sans cesse leur relation pour soigner leur intimité et leur communication.

Le sexophobe

À la première question, le sexophobe met tout son talent de pédagogue pour répondre en dix minutes : « Attention ! Le sexe peut être dangereux. Pensez aux MST, aux grossesses non désirées et à tous les problèmes qui les accompagnent... » Il prendra en main une craie pour expliquer la fertilité féminine. Ayant terminé les dessins anatomiques, il se fera un plaisir d'ajouter : « N'oubliez pas, mes enfants, que pour éviter ces tracas il y a une solution, une seule, et croyez-moi c'est la meilleure : l'abstinence totale... disons, jusqu'au mariage ! » Il tient un discours médicalisant et parfois juridique. Ses sujets de préoccupation sont l'hygiène, l'anatomie, la physiologie reproductrice, les dysfonctionnements sexuels et les MST. Il fustige la pornographie et les images érotiques, omniprésentes dans notre société. Il s'attarde aussi sur les affaires judiciaires qui secouent les médias, comme l'inceste et le viol, afin de montrer que la sexualité peut être dangereuse pour les individus et pour la société.

Ce discours ne dit absolument rien de l'amour, du sens de la sexualité, du bonheur du couple et de l'éducation au sentiment. Il fait l'impasse sur la satisfaction sexuelle pour enseigner aux gens les vertus de la retenue et de la continence.

La réponse à la seconde question est simple. Plusieurs femmes m'ont répondu : « Vous avez bien dit "vacances" ? Pour moi, ça signifie se baigner, se reposer, s'amuser et prendre du bon temps. Du calme, s'il vous plaît. On ne va pas en vacances pour se faire sauter ! »

Lorsque je discute de la notion de sexophobie avec elles, les personnes sexophobes, qui s'y reconnaissent inconsciemment, répliquent : « Pourquoi cette manie de tout catégoriser ? Pourquoi faut-il encore montrer du doigt les personnes qui ne pensent pas qu'à "ça" ? » Elles parlent plus volontiers d'une « inhibition de désir », qu'elles mettent sur le compte de la fatigue, du stress, de la routine, de l'incompétence du partenaire, et aussi du dégoût provoqué par l'étalement de la chair dans les médias, les publicités.

Les sexophobes existent sous différentes appellations. La mode actuelle est à l'asexualité. Jean-Philippe de Tonnac cite : « Les non-libidoïstes déclarent non seulement ne pas aimer le sexe, mais ne jamais avoir eu de pulsion sexuelle. Ils ont le temps pour lire au lit[1]. » Plus loin : « Les non-libidoïstes se caractérisent, dans cette grande famille des asexuels, par le fait qu'ils n'ont pas de libido, même pas l'ombre[2]. »

En réalité, que se passe-t-il chez ces personnes ? Lorsqu'une zone érogène est stimulée, les sensations éprouvées ne sont pas perçues comme agréables. Les sexophobes peuvent manifester toutes les nuances de l'aversion, du dégoût pour le sexe et du manque d'appétit sexuel. L'expression de leur refus se fait soit avec fierté, et ils clament haut et fort : « Moi, je sais dire non ! C'est mon corps et j'en fais ce que je veux », soit de façon plus détournée : « Oui, mais pas maintenant ! » En fait, ce n'est jamais le moment. Et le sexophobe, à force de refuser la sexualité, peut devenir carrément asexuel.

« La sexualité de la femme est un mystère. Ses besoins sont incompréhensibles pour un homme. » Que de fois n'ai-je entendu ces paroles proférées par les sexophobes au féminin ! Y a-t-il vraiment un mystère ? Pour ma part, je ne le pense pas. Certaines personnes n'aiment pas le vin, soit à cause de leur culture, soit tout simplement parce qu'elles ne se sont pas donné la peine de sensibiliser leurs papilles. La même approche est valable pour la nourriture, le sport, la musique ; il est normal de ne pas les apprécier pleinement dans ces conditions. La même chose vaut pour le sexe, pour les zones érogènes.

Comme le dit si bien Guy Corneau, « tant que la sexualité ne sera pas célébrée comme une force vive qu'on doit traiter avec égard, elle continuera d'être désordonnée et n'arrivera pas à trouver sa place dans notre échelle de valeurs. Elle continuera d'être une question obsédante et une force chaotique dans la vie de bien des gens[3] ». Tout ce qui peut s'attacher au monde du plaisir est en l'occurrence honni, méprisé, bafoué.

L'homme devient sexophobe par peur de la femme, peur de la sexualité et pour d'autres raisons : prenons, par exemple, celui qui a une approche hygiénique de la sexualité. On ne peut pas dire qu'il aime le sexe. Un sujet qui boit du vin juste pour se soûler, sans y prendre de plaisir gustatif, n'est pas un œnophile. Si on lui demande s'il aime ce qu'il boit, il répondra :

« Oui, bien sûr », tout est question de définition. Sur le plan du sexe, c'est la même chose. Un homme qui ne pense qu'à son propre plaisir, qui cherche à éjaculer le plus rapidement possible parce que c'est cette sensation de décharge qui l'intéresse, même s'il dit adorer le sexe, je ne le rangerai pas dans la catégorie des sexophiles. Bien au contraire.

Je voudrais cependant ajouter que la sexophobie n'est pas un défaut. Beaucoup de personnes mènent une vie heureuse sans sexe. L'exemple du couple 1 (Benoît et Bénédicte) en est une belle illustration : leur plaisir, ils le trouvent dans le sport et dans l'exhibition.

L'intermittent du sexe

À ma première question concernant l'éducation sexuelle des jeunes, l'intermittent du sexe répond : « Euh... en dix minutes ! Comment répondre à une question aussi vaste en si peu de temps ? Je ne suis pas un spécialiste, moi. Ce n'est pas à moi d'expliquer. Laissez-moi réfléchir et, la prochaine fois, je vous répondrai. »

À la seconde question, la réponse est invariablement : « Vacances, dites-vous ? Ah ! au bord de la mer en plus. On n'aspire qu'à ça, d'ailleurs. Alors, quant à faire l'amour sur place, cela dépend. Va-t-on tomber au moment des règles ? Va-t-on occuper la même chambre que les gosses ? Je ne sais pas combien de temps on passera à visiter les sites touristiques et à faire bronzette. Il faut voir si on ne sera pas trop fatigués. Mais c'est vrai que, pendant les vacances, la fréquence des rapports est nettement supérieure à celle de l'année. »

Les intermittents du sexe sont des gens qui aiment les rapports sexuels sporadiquement, leur désir sexuel est surtout fonction de l'ambiance qui règne. Généralement, ils ne refusent pas les avances de leur partenaire et parfois initient eux-mêmes les câlins si les conditions sont bonnes. Ils mettent rarement en avant leur droit de veto, mais se contentent souvent d'une sexualité à la petite semaine. Rien n'est clair dans leur tête.

Prenons l'exemple d'une femme qui dit : « J'aime le sexe. » « Aimer », c'est aller vers. Or elle ne se masturbe pas, ne provoque pas de rencontre avec son homme – même s'il ne la touche pas pendant trois mois, rien ! Par contre, quand c'est lui qui vient vers elle, elle accepte ses avances et prend plaisir à l'acte sexuel. Supposons que cette femme ait la même attitude vis-à-vis du vin et qu'elle dise : « J'aime le vin. » Aimer, c'est aller vers, c'est-à-dire aller acheter du vin, le choisir, le déboucher, le boire seule ou avec quelqu'un. Si elle n'entreprend pas cette démarche et boit seulement quand on lui en offre, même si elle y prend du plaisir, on ne peut pas la considérer comme une œnophile.

En revanche, si la même femme déclare : « Je n'attends pas que quelqu'un vienne me chercher pour aller à la salle de fitness. J'y vais souvent pour me tenir en forme et soigner ma silhouette, même quand je suis fatiguée et que je n'en ai pas envie… » Elle va vers le sport. En conclusion, je dirai que cette personne est une sportive, qu'elle n'est pas œnophile, et qu'elle est une intermittente du sexe.

L'être humain évolue ; au fil de son existence, selon les circonstances, il passera d'un âge sexuel à un autre, obéira à des motivations sexuelles différentes et pourra se révéler alternativement sexophile, sexophobe ou intermittent du sexe. Le meilleur exemple en est Alexandra, du couple 7. D'abord sexophile avec son premier mari, elle devient sexophobe et intermittente du sexe dans les bras de ses nombreux amants. Elle redevient sexophile avec Alexandre. J'insiste néanmoins sur le fait que ce n'est pas nécessairement un « bon » partenaire qui est l'élément déclencheur de la sexophilie. Avant tout, c'est une question d'envie, de curiosité et d'ouverture d'esprit.

6.

Être heureux

> « Il n'y a qu'un devoir, c'est d'être heureux. »
>
> Diderot

> « J'ai décidé d'être heureux parce que c'est bon pour la santé. »
>
> Voltaire

La plupart des gens ont pour but d'être heureux dans la vie – une aspiration qui peut prendre diverses formes. Une femme peut être parfaitement heureuse dans son mariage, même si elle est tout à fait insensible sexuellement. Inversement, si de nombreux autres facteurs ne sont pas favorables, une épouse peut être très malheureuse, même si elle est très sensible sexuellement.

Lorsque des problèmes surgissent, on se demande : le couple va-t-il mal parce que sa sexualité va mal, ou est-ce sa sexualité qui va mal parce que le couple va mal ? À l'heure actuelle, le grand mythe consiste à prétendre vraie la seconde branche de l'alternative. Or, il faut le dire et le répéter : un sexophobe n'aime pas la sexualité, quelles que soient les conditions dans lesquelles elle s'exerce, et quel que soit le partenaire.

Pour être heureux en couple, il convient de trouver aussi bien le bonheur personnel que celui avec la personne aimée. L'entente avec l'autre se situe tant au niveau sexuel qu'en dehors du lit. Il faut une harmonie, un niveau de désir et d'attente similaire entre les deux conjoints.

Le bonheur personnel

Certaines personnes sont fondamentalement insatisfaites et s'interdisent le bonheur, qui est, en réalité, assez difficile à obtenir car il faut déployer des efforts considérables pour envisager la vie de façon positive.

Alors, comment font les gens heureux? Plusieurs auteurs se sont penchés sur le sujet et ont apporté des réponses. Pour D. Servan-Schreiber, « il existe des gens heureux qui mènent une vie harmonieuse. [...] Ils semblent mieux négocier les obstacles : on dirait qu'ils ont une aptitude particulière à rebondir face à l'adversité, à donner un sens à leur existence, comme s'ils entretenaient un rapport plus intime avec eux-mêmes, avec les autres, et avec ce qu'ils ont choisi de faire de leur vie[1] ». Les concepteurs de la psychologie positive, comme Martin Seligman et Mihaly Csikszentmihalyi, pensent que ce sont des gens qui s'apprécient eux-mêmes, vivent entourés d'amis en évitant trop de contraintes sociales, qui ont le plus de pensées positives possible et qui progressent toujours pour se sentir heureux. Boris Cyrulnik[2] explique la faculté de ces personnes par la résilience, c'est-à-dire la capacité à réussir, à vivre et à se développer positivement, de manière socialement acceptable, en dépit du stress ou d'une adversité qui comporte normalement le risque grave d'une issue négative. La question « Pourquoi dois-je tant souffrir ? » les a poussés à intellectualiser. Quand le réel est terrifiant, la rêverie donne un espoir fou qui permet de le supporter. C'est celui qui parvient à se réfugier dans son monde intérieur qui résiste le mieux.

Je suis d'accord avec ces auteurs : le bonheur ne survient pas à l'improviste ; il doit être préparé, cultivé et protégé par chacun. Pour être heureux en couple, chaque individu doit apporter son équilibre personnel. Quel bonheur un mélancolique de nature peut-il apporter dans la relation conjugale ? Plus on est mesuré et en harmonie avec soi, plus la rencontre à deux a des chances de réussir, car on n'attend pas tout de l'autre.

L'entente générale du couple

En guise de préambule, je ne résiste pas au plaisir de partager avec mes lecteurs une blague que j'ai reçue par e-mail. Je suis sûr que mes lectrices ne s'en offusqueront pas. La voici :

Comment rendre heureux son compagnon

Pour rendre une femme heureuse, il suffit que l'homme soit :

1. ami
2. compagnon
3. amant
4. frère
5. père
6. maître
7. éducateur
8. cuisinier
9. doux
10. attentionné
11. galant
12. intelligent
13. drôle
14. créatif
15. tendre
16. fort
17. charpentier
18. plombier
19. mécanicien
20. décorateur
21. styliste
22. sexologue
23. gynécologue/obstétricien
24. psychologue
25. psychiatre
26. thérapeute
27. audacieux
28. organisateur
29. bon père
30. très propre
31. sympathique
32. athlétique
33. compréhensif
34. tolérant
35. prudent
36. ambitieux
37. capable
38. courageux
39. déterminé
40. fiable
41. respectueux
42. passionné

SANS OUBLIER DE :

43. faire souvent des compliments
44. adorer le shopping
45. ne pas faire des histoires
46. être très riche
47. ne pas la stresser
48. ne pas regarder les autres filles
49. être éperdument amoureux d'elle

ET EN MÊME TEMPS, IL FAUT AUSSI :

50. faire attention à elle, sans pour autant être jaloux
51. bien s'entendre avec sa famille, mais tout en lui accordant toujours autant de temps pour elle
52. lui donner de l'espace, tout en se montrant soucieux de là où elle va

IL EST IMPORTANT DE NE JAMAIS OUBLIER :

53. anniversaires
54. fiançailles
55. anniversaires de mariage

Malheureusement, même en observant scrupuleusement ces règles, son bonheur n'est pas garanti, puisqu'elle pourrait se sentir submergée par une vie d'une étouffante perfection et fuir avec le premier « salopard-bohémien-alcoolo-grand viveur » qu'elle rencontre.

Comment rendre heureux un homme :

1. baiser
2. pas casser les couilles !

C'est vrai, il n'est pas facile de rendre heureux son partenaire dans un couple, surtout de longue durée. Les attentes de chacun sont différentes tant au niveau du quotidien que pour la sexualité. Les discussions, même banales, peuvent vite tourner au conflit et les interlocuteurs oublier tout respect l'un vis-à-vis de l'autre. À mon avis, avant d'aller devant le maire ou le curé pour se jurer fidélité, les conjoints doivent conclure un pacte du « strict minimum de respect » et ce, au tout début de leur vie commune. Ainsi, l'homme s'engagerait à ne jamais lever la main sur sa femme, à ne jamais crier, à l'écouter attentivement et à n'exposer qu'après elle ses arguments sur le sujet en cours de débat. La femme s'engagerait à son tour à ne jamais hurler, à ne jamais gronder son homme en le fixant dans les yeux, voire en levant le doigt comme on le fait pour sermonner un enfant, à toujours le considérer comme un adulte, son égal, en le laissant s'exprimer calmement. Pour terminer, ils scelleraient tous deux leur pacte en s'engageant à respecter leurs points de vue mutuels.

Cet accord conclu, chaque membre du couple pourra étudier les différentes méthodes proposées dans la littérature foisonnante sur le sujet : « Comment réussir sa vie de couple ? »

Avant d'aborder le secret du bonheur des couples qui durent, je rappellerai brièvement quelles sont les sources de conflits les plus fréquentes, les attitudes néfastes et les attentes qui détruisent une relation.

Les conflits du couple

Les sources de conflits chez un couple sont multiples : les ennuis domestiques, l'argent, le travail, les enfants, les beaux-parents, les projets, le partage des tâches, le manque de sexe, etc.

La difficulté de communication est l'une des principales causes responsables de la dégradation d'une relation. La femme, en général, ne formule pas clairement ses besoins et attend que l'homme les devine. « La femme pense que si son partenaire l'aime vraiment, il va lui offrir tout le soutien dont elle a besoin et qu'elle n'aura jamais à le lui demander. [...] Elle exigera qu'il devine ses besoins. [...] Les hommes ne connaissent pas cette motivation instinctive qui pousse à offrir son soutien, ils ont besoin qu'on le leur demande[3] », écrit John Gray. Comme les conflits conjugaux sont plus difficiles à supporter pour les hommes que pour les femmes, il n'est pas étonnant que ceux-ci fassent tout pour les éviter.

Les attentes dans le couple

Au début de la vie en couple, l'inconscient est à l'œuvre. Comme le traduit bien la locution, on « tombe amoureux », c'est-à-dire que c'est un événement involontaire, inconscient. On croit à une relation épanouissante, qui va réparer tant de choses. On aime celui dont on pense qu'il nous offre ce qui nous manque : la confiance, une meilleure image de soi, la sécurité. On idéalise son partenaire. L'objectivité prend sa place progressivement, et l'autre finit par apparaître tel qu'il est réellement. Quelle déception ! On avait placé ses attentes trop haut ! Souvent, alors, les partenaires ne s'investissent plus dans la vie conjugale, les ambitions et les désirs sont dirigés vers d'autres objectifs : les enfants, les amis, le travail, le sport... et l'adultère.

Le secret du bonheur des couples qui durent

Le couple doit être un lieu d'échange où les conflits se résolvent par la négociation et les réconciliations. Ceux qui y parviennent n'évitent pas forcément les disputes, mais ils s'efforcent de diminuer la violence des affrontements en acceptant leurs différences.

L'histoire de la famille d'origine de chacun joue parfois un rôle majeur. Comme le rappelle John Gray, « un homme qui n'a jamais vu sa mère rayonner de bonheur sous l'effet des attentions de son époux ne peut deviner le plaisir inégalable qu'apporte l'acte de donner[4] ». « N'oublions pas que c'est l'amour qui permet aux hommes de prendre conscience de leur capacité de satisfaire les besoins des autres. Un petit garçon qui a la chance de voir son père réussir à rendre sa mère heureuse aura, une fois adulte, la conviction solide qu'il est capable de satisfaire les besoins de sa compagne. Il ne craindra donc pas de s'engager[5]. »

Un couple qui dure nécessite une relation harmonieuse et un équilibre entre les besoins de chacun. Il fonctionne avec l'intimité, la tendresse, l'empathie et beaucoup de tolérance réciproque. Ce couple n'est pas fusionnel, chacun respecte le territoire de l'autre. S'ils ont des centres d'intérêt communs, les partenaires ne voient pas d'inconvénient à mener aussi des activités séparées en dehors du couple. Ils ont hâte de se retrouver pour échanger sur leurs expériences.

Gottman & Silver expliquent le secret des couples heureux qui durent comme suit : « [Ils] ont appris à considérer les défauts et les bizarreries de l'autre comme une partie intégrante, et plutôt amusante, du caractère et de la personnalité de leur partenaire[6]. » « Ainsi, bien qu'ils éprouvent l'un envers l'autre toute la palette possible des émotions, y compris la colère, l'irritabilité, la déception et la douleur, ils arrivent à se manifester estime et tendresse. Quel que soit le sujet de leur querelle, ils se font comprendre qu'ils s'aiment et s'acceptent, avec tous leurs défauts[7]. »

L'entente sexuelle du couple

L'entente sexuelle dans les couples qui durent implique que les partenaires trouvent leur satisfaction dans la fréquence et la qualité de leurs rapports sexuels. Si chacun est demandeur, ils peuvent s'investir plus dans les échanges sexuels. Pour Gottman & Silver, « la meilleure façon d'enrichir sa vie sexuelle est d'apprendre ce qu'aime l'autre, de faire l'effort de se le rappeler, et d'utiliser ces connaissances dans vos caresses. [...] Autrement dit, il faut être attentif aux comportements verbaux et non verbaux de son partenaire pendant l'acte[8] ».

Quand l'un des deux membres veut faire l'amour et l'autre pas, que se passe-t-il ? Cela dépend de l'approche sexuelle des individus. Les sexophiles agissent suivant les desiderata de celui qui a formulé la demande. Les sexophobes vont pencher du côté du refus. Quant aux intermittents du sexe, ils privilégieront alternativement l'une ou l'autre attitude.

Conclusion

« Tout passe par le sexe, parce que c'est la chose animale qui nous rattache les uns aux autres. »

Monica Bellucci

« Lorsque les âmes de deux êtres vibrent à l'unisson, l'un et l'autre atteignent la félicité parfaite dans leur relation charnelle. La sexualité ne sert pas uniquement à canaliser les pulsions passionnelles entre l'homme et la femme, elle est la fusion de deux cœurs qui s'aiment et se désirent. Plus l'amour des deux conjoints est profond, plus leur plaisir sexuel est profond lui aussi. »

Le sultan de Java
S. M. Hamengku Bowono X,
Courrier international, 2 mars 2006

Dans ce livre, je me suis attaché, en tant que sexologue, non pas aux troubles sexuels, mais au comportement sexuel de personnes qui se prétendent « normales » et qui ne consultent habituellement pas de spécialiste.

Pour comprendre le comportement sexuel de quelqu'un, il convient de le questionner sur son désir, son plaisir, l'orgasme et la satisfaction qu'il éprouve. Les deux nouveaux concepts que j'ai développés ici, l'âge sexuel et les motivations sexuelles peuvent nous aider à saisir pourquoi certaines personnes aiment la sexualité ou atteignent la satisfaction sexuelle, contrairement à d'autres. Par exemple, à l'âge ingrat, pour faire monter le désir féminin, il faut en général de longs préliminaires et beaucoup d'attentions de la part de l'homme tout au long de la journée précédant l'acte. Et encore... la partie est loin d'être gagnée ! En revanche, à l'âge d'or, l'ennemi du désir est l'abstinence prolongée. De même, on comprend mieux que les sujets d'âge naïf ou ingrat et ceux ayant une motivation de devoir, de reproduction, de marchandage ou d'hygiène parviennent difficilement à la satisfaction sexuelle.

Le comportement sexuel des huit couples

Reprenons le comportement des huit couples étudiés au chapitre 1, en tenant compte de nouveaux concepts (n'oublions pas que ces réponses, pour la plupart des couples, ont évolué dans le temps).

Couple 1

Les membres de ce couple asexuel sont dans l'âge naïf. Leur plaisir tient tout entier dans la séduction. Ils n'ont aucune motivation et aucune réponse sexuelles puisqu'ils ne pratiquent pas la sexualité. Les rares masturbations de Benoît sont à caractère hygiénique, pour éviter les pollutions nocturnes qui dérangent en général les hommes, jeunes ou adultes. Ce couple sexophobe, qui ne retire aucune satisfaction sexuelle, a néanmoins trouvé son bonheur en dehors du sexe. Comme quoi, sans sexe, une vie de couple est envisageable.

Couple 2

Le couple victorien est lui aussi dans l'âge sexuel naïf. Les motivations sexuelles de Victoria ont été le sexe pour la procréation, puis le sexe par devoir. Elle est sexophobe et frigide : sans désir, ni plaisir, ni orgasme, ni satisfaction sexuelle. La motivation de Victor est hygiénique. Il ne parle pas de désir mais de besoin. Le plaisir n'est guère important à ses yeux, contrairement aux orgasmes (au sens d'éjaculation). À son avis, un homme doit éjaculer pour se sentir bien. Pour lui, intermittent du sexe, la satisfaction sexuelle n'est pas au top. Ils ne sont pas heureux ensemble.

Couple 3

Ce couple à la dérive est dans l'âge ingrat. La motivation de Julie a été tour à tour la communication, la procréation et, finalement, le marchandage. Elle n'a plus ni désir ni plaisir sexuel. Elle obtient des orgasmes clitoridiens lors de ses rares masturbations. Quant à Jules, sa motivation est plutôt hygiénique et, en ce qui concerne le désir, il fonctionne par besoin de séduction. Il a obtenu plaisir et orgasme dans sa vie, surtout dans ses relations illégitimes. Tous deux sont des intermittents du sexe, ils n'ont pas de satisfaction sexuelle et ne sont pas heureux ensemble.

Couple 4

Michaëla, qui a l'art de trouver des excuses pour éviter les relations sexuelles, est dans l'âge ingrat. Elle est passée de la motivation procréatrice à la motivation marchande. Elle n'a ni désir ni plaisir. Ses orgasmes sont parfois clitoridiens. Elle ne tire aucune satisfaction de la sexualité. Cette sexophobe est mariée à un sexophile, Michel, qui ne rêve que d'évoluer dans sa vie sexuelle. On peut considérer qu'il est à l'âge mûr. Il a beaucoup de désir, mais peu de plaisir et d'orgasmes (surtout en quantité). Il est très frustré par cette absence de satisfaction sexuelle, faute d'avoir rencontré la partenaire idéale. Il se sent rejeté par sa femme. Ce couple ne connaît pas de bonheur conjugal.

Couple 5

Pascaline est à l'âge mûr. Elle est sexophile en présence de son amant et intermittente du sexe avec son mari. Hormis la période où elle ne trouvait pas son mari séduisant, elle éprouve en général du désir, du plaisir, des orgasmes et de la satisfaction sexuelle. La seule motivation qui compte pour elle est hédoniste. « Je ne peux imaginer d'autre raison pour faire l'amour », dit-elle. Pascal, lui, se trouve à l'âge ingrat. Il n'a pas de désir sexuel. Quand il s'y met, il a du plaisir et des orgasmes, mais il est loin de la satisfaction sexuelle. Il est dans la motivation du devoir. Après des hauts et des bas, ce couple a trouvé son bonheur dans la stabilisation de la vie à trois.

Couple 6

Constance et Constant sont dans l'âge mûr. Ils sont passés par toutes les motivations sexuelles pour arriver enfin à la sexualité hédoniste. Le désir sexuel de Constance a été fluctuant. À l'heure actuelle, il est élevé. Elle prend beaucoup de plaisir à l'acte et obtient régulièrement des orgasmes. Constant a toujours gardé son désir intact, même pendant les périodes difficiles. Ce couple sexophile connaît fort bien le concept de satisfaction sexuelle et, comme tous deux arrivent à se projeter dans l'avenir, ils savent que la grande satisfaction est encore à venir. Ils sont heureux ensemble.

Couple 7

Après être passés individuellement par tous les âges, Alexandre et Alexandra connaissent l'âge d'or sexuel. Ils ont eu plusieurs types de motivations avec leurs partenaires respectifs, mais, depuis qu'ils se sont rencontrés, ils ont très vite adopté la sexualité hédoniste. À l'heure actuelle, la satisfaction sexuelle de ce couple est au sommet. Ils ont rendu indissociables une sexualité harmonieuse et le bonheur conjugal.

Couple 8

Le couple de Valentine et Valentin est mon préféré. C'est le couple le plus heureux que j'ai eu la chance de rencontrer. Comment sont-ils parvenus à trouver et à maintenir un tel bonheur conjugal ? Je leur ai demandé si cela leur avait coûté beaucoup. Ils m'ont répondu non. Même si certains de leurs actes ont été inconscients, ils ont dû, le plus souvent, anticiper, réfléchir, discuter et décider à deux quant à la direction que devait prendre leur vie de couple. Très tôt, ils ont compris qu'il était préférable d'unir intimement sexualité et bonne entente conjugale. Aussi ont-ils nourri consciemment leur relation afin de perpétuer cette harmonie. Un regret néanmoins : dommage qu'il n'y ait pas davantage de couples comme le leur, car ils illustrent parfaitement l'adage que je voudrais véhiculer : « Il n'y a pas que le sexe dans le couple. Mais il n'y a pas de couple en parfaite harmonie sans le sexe ! »

Le sexe dans les médias

Depuis quelques années, sur les plateaux des télévisions francophones, on parle beaucoup de sexualité, mais malheureusement le plus souvent sous la forme de certaines pratiques sexuelles marginales : l'échangisme, l'homosexualité, le sadomasochisme. Pourquoi tant d'intérêt envers la sexualité d'une mince frange de la population, alors que tant de couples vivent dans la misère sexuelle et qu'on pourrait les aider par le biais de programmes éducatifs ? Question d'Audimat, sans doute !

Les livres, les magazines féminins, les sondages, les médias donnent souvent la parole aux sexophobes qui déplorent la « tyrannie de l'orgasme ». Lors des derniers débats télévisés que j'ai suivis sur « le plaisir au féminin », la plupart des femmes ont parlé de l'absence de plaisir.

De plus, les asexuels sont là en nombre. Ils ne se cachent plus, se créent une nouvelle identité, s'organisent, publient, et revendiquent leur droit de dire non au sexe. Quelle attitude adopter face à eux ? D'abord, il convient de les accepter et de les féliciter de proclamer enfin leur choix, il n'y a aucune raison de leur en tenir rigueur. Beaucoup de gens n'aiment pas le vin, la gastronomie, le sport, la musique classique ; est-ce qu'on leur en veut pour autant ? La seule chose qu'on puisse leur dire est : « C'est dommage. Savez-vous que vous ratez quelque chose et que vous passez à côté d'un plaisir ? »

Si certains trouvent leur bonheur dans l'asexualité, on ne peut que les encourager à continuer dans cette voie. Un bémol, cependant... s'ils sont en couple. L'asexuel assume-t-il son choix vis-à-vis de son partenaire ? Ne devrait-il pas faire un effort pour être à l'écoute de son conjoint ? Pourtant, il suffit que les asexuels se mettent à l'écoute de leur corps et acceptent qu'une sexualité bien pratiquée puisse les rendre plus heureux pour changer d'attitude. C'est d'autant plus vrai que la sexualité renforce le lien affectif dans le couple.

Seule la chaîne Arte, dans une émission diffusée le 10 octobre 2006, a osé aborder la question sous l'angle de l'approche hédoniste de la sexualité[1]. Quant aux émissions radiophoniques, on peut souligner l'abord franc et sans tabous des émissions de Brigitte Lahaie sur RMC.

Vu l'ampleur que prend le phénomène asexuel, j'ai peur qu'au XXIe siècle la sexophobie ne soit la règle et la sexophilie, l'exception. Mais il ne faut pas être pessimiste et baisser les bras. À mon avis, la sexualité hédoniste a encore de beaux jours devant elle, et les sexophiles ne doivent pas avoir peur d'en parler, au risque de choquer certaines personnes.

Le message du sexologue

Quoi de plus édifiant et de plus instructif, pour des jeunes de 17 ans, que de recevoir leur premier cours d'éducation sexuelle de Valentine et Valentin, ou d'Alexandra et Alexandre ? Ce seraient les premiers pas assurés vers une sexualité épanouie ! Le sexologue averti ajouterait à un tel message que le sexe est bon pour la santé, que ça s'apprend et que ça se travaille.

À condition que l'on se l'autorise et que l'on puisse le partager totalement, le plaisir est le meilleur moyen de lutter contre le stress. Faire l'amour, loin de nous fatiguer, procure un bien-être quantifiable d'un point de vue physiologique, en plus de la satisfaction psychologique. Le sexe a une action positive sur le fonctionnement des organes et des muscles par ses actions d'ordre vasomoteur, glandulaire et hormonal. Ainsi, certains chercheurs ont démontré que l'effet de l'orgasme est identique à celui de deux comprimés d'Aspirine®, car durant l'acte sexuel le cerveau produit en abondance des endorphines. Les autres hormones sécrétées, comme l'*ocytocine**, apportent une sensation de plaisir pendant l'orgasme, et la *dopamine** déclenche des sensations d'euphorie et de bien-être. Grâce aux relations sexuelles, les tensions se dissipent, les angoisses se calment et les défenses immunitaires se renforcent.

Je ne saurais clore ce livre sans une pensée pour Eva, rencontrée à l'issue d'un congrès de sexologie en Allemagne, et qui en avait été en quelque sorte l'élément « déclencheur ». Ne disposant pas de ses coordonnées, je lui adresse cette lettre ouverte :

Chère Eva,

Lorsque nous nous sommes rencontrés dans un train, vous avez insisté sur le fait que la sexualité de la femme était « complexe », qu'il s'agissait d'un « mystère » pour les hommes. Vous croyiez que le summum de la sexualité se vivait entre 20 et 30 ans et que, par la suite, si l'on n'avait pas connu la volupté, il était trop tard, on était passé irrémédiablement à côté de quelque chose. Vous mettiez aussi le manque de désir sexuel sur le compte de la fatigue et surtout de la routine et de l'ennui qui s'étaient installés assez vite dans votre couple. En même temps, vous vous plaigniez du manque d'habileté de vos partenaires masculins.

Je vous avais contredite, j'en conviens. Néanmoins, je n'avais pas eu le temps d'aller jusqu'au bout de mon argumentation. Peut-être que vous êtes une personne qui préfère les allusions, les esquives, les métaphores, aux définitions des termes. J'ai choisi la voie directe, et non les suggestions, les expressions au figuré. Je voulais vous habituer à parler clairement dans votre couple, sans sous-entendus, même si chacun doit garder un petit jardin secret.

Où en êtes-vous dans votre sexualité ? Je sais que la majorité des personnes a horreur de la catégorisation. N'empêche, un sexologue doit s'y soumettre. En ce qui concerne l'âge sexuel, à mon avis vous vous trouvez au stade de l'âge ingrat, puisque vous avez dépassé l'âge naïf. Quant à la motivation sexuelle, vous n'êtes plus à l'étape de la découverte. Mais où, alors ? Je n'en sais rien. Il aurait fallu vous faire parler beaucoup plus longtemps pour en juger. Vous êtes probablement une intermittente du sexe. Cependant, vous voulez entendre les cloches de la félicité sexuelle. Malheureusement, à l'heure actuelle, il n'existe sur le marché aucun médicament pour augmenter le désir sexuel, ni le plaisir d'ailleurs, et cela non seulement chez les femmes, mais aussi chez les hommes ! J'insiste sur ce dernier point.

Alors, comment atteindre la félicité sexuelle ? Je crois qu'il y a autant de remèdes que de sexologues. À mon avis, les personnes qui arrivent à allier entente conjugale et sexualité harmonieuse atteignent plus facilement la félicité sexuelle. Pour ce faire, avant les recommandations que j'énumérerai ci-dessous, je confirmerai la destruction de deux mythes.

Pour le premier, je peux vous assurer qu'il n'y a aucune complexité dans la sexualité féminine, comme il n'y a aucun mystère en œnologie ou pour quelque autre plaisir terrestre. Pour réussir sa sexualité, il faut seulement se préparer et y travailler.

Quant au second mythe, vous devez savoir que ce n'est pas un homme faisant preuve d'une exceptionnelle habileté érotique qui fera de vous une sexophile. C'est à vous de former votre sexualité. Votre sexualité vous appartient. Le plaisir, c'est vous qui le créerez et le prendrez. À la lumière de ce j'ai écrit plus haut, vous avez dû constater que l'obstacle est difficile, mais pas infranchissable.

Quel est le chemin à suivre pour lier entente conjugale et sexualité harmonieuse ? Voici quelques recommandations :

Acquérir une philosophie de la vie ouverte. *Faire preuve d'un esprit ouvert, être curieuse, altruiste, aimer partager, aimer apprendre... Voilà les aptitudes à acquérir au préalable pour vivre en parfaite entente avec quelqu'un et partager les bonnes choses avec lui.*

Avoir envie d'une sexualité épanouie. *Pour aimer la sexualité, il faut en avoir envie. C'est d'abord par là qu'il faut passer. L'intention compte pour beaucoup afin d'obtenir le résultat escompté. En bref, avoir envie d'avoir envie.*

Vouloir franchir les étapes sexuelles. *La sexualité n'est pas innée. Le chemin est long et les étapes sont nombreuses avant d'obtenir l'épanouissement sexuel. À chaque âge, l'intensité de la jouissance est différente. Pour atteindre la maturité, il faut être au stade de l'âge mûr ou de l'âge d'or, et avoir des motivations de type communicatif ou hédoniste. Soyez consciente qu'il est difficile d'atteindre ces étapes avant la quarantaine (pour la femme, mais aussi pour l'homme).*

Apprendre et travailler la sexualité. *Pour connaître la félicité sexuelle, l'amour est crucial mais la technique aussi. Il faut suivre exactement le même cheminement, le même apprentissage, fournir le même effort, le même entraînement qu'un œnophile pour aimer le vin ; qu'un gastronome pour la cuisine ; qu'un sportif pour sculpter un beau corps ; qu'un mélomane pour apprécier la musique.*

Aimer son corps et soi-même. *Une femme ne devrait jamais dire à son mari : « Je suis laide, grosse, vieille... » Elle doit se comporter en femme désirable. Pour y arriver, elle travaillera son corps, prendra soin de lui et sensibilisera aussi bien les zones érogènes que les non érogènes. Pour ces dernières, il est bon d'organiser à tour de rôle des séances de massage avec son compagnon.*

Chercher la bonne entente dans son couple. *La qualité de la relation sexuelle dépend de la qualité de la relation affective ! Il faut sans cesse réactiver dans le couple le climat amoureux et lutter contre la routine.*

Se convaincre que la sexualité est avant tout pour son bien. *Il faut pouvoir dire : « Le sexe, c'est pour moi aussi, pour mon propre bien, et non seulement pour faire plaisir à l'autre. » Ainsi, la femme ne se considérera plus comme un objet.*

Aller à la découverte du corps de l'autre. *La femme n'aura pas peur de l'homme ni de son corps.*

Elle s'intéressera à son mode de fonctionnement et à ses fantasmes. Elle aimera son sexe, lui prodiguera des caresses pour lui donner du plaisir et en tirera elle-même de la satisfaction.

Ne pas craindre de prendre des initiatives. *La femme ne doit pas attendre que l'homme initie à chaque fois l'acte sexuel. Elle peut aussi prendre les devants. Son épanouissement passe par là.*

Trouver l'harmonie sexuelle. *Le couple essaiera différentes positions et techniques et considérera l'activité sexuelle comme un jeu. Pour bien faire l'amour, ils prendront leur temps. Et un jour, après beaucoup de persévérance, la femme connaîtra l'orgasme vaginal.*

Ne pas oublier, enfin, que l'inactivité sexuelle est le pire des inhibiteurs du désir sexuel !

Je souhaite, chère Eva, qu'un jour vous entendiez les anges célestes annoncer votre entrée dans le monde de la félicité sexuelle.

Iv Psalti

Remerciements

Plusieurs personnes ont contribué à l'élaboration de mon travail. Mes remerciements vont d'abord à mon comité de lecture, composé de trois proches qui ne sont pas rebutés par le « sexuel » :

mon épouse, Ariella, pour son amour, son savoir, son écoute et nos nombreuses discussions qui m'ont incité à écrire ce livre... sur tout ce que nous avons appris ensemble. Elle m'a aidé à comprendre le point de vue féminin. Elle a contribué à affiner mon analyse sur la vie de couple ;

mon cousin et ami, Jacques Lacquemanne (Romans), qui a tendu une oreille patiente aux explications sur mes observations des comportements sexuels humains, pour son sens critique acéré, pour sa précieuse contribution à l'élaboration et à la correction de ce manuscrit ;

mon ami, Ismail Yildiz (Bogotá), pour toutes les conversations que nous avons eues sur la sexualité humaine. Scientifique perspicace, il ne m'a jamais laissé me contenter de réponses faciles. Il m'a fait bénéficier de ses commentaires pertinents, de ses suggestions et de son soutien.

Merci infiniment à mon éditrice, Anne Carrière, qui a cru en moi, a apprécié mon travail et s'est montrée enthousiaste pour ce livre. Mes remerciements vont aussi à Sophie Bagur pour son professionnalisme et sa perspicacité.

Ma reconnaissance va aussi à mes lecteurs et amis qui ont commenté mon essai avec rigueur et justesse : Yvonne Gaon (Bruxelles), Nisso Gargir (Toulouse), Cécile Imbert (Valence), Marc Lumens (Lasne), Rinaldo Marmara (Montpellier), Josiane Rohart (Lyon), Erwin Spitzer (Bruxelles).

Je tiens enfin à remercier toutes les personnes qui m'ont parlé de leur sexualité et m'ont fait entrer dans l'intimité de leur vie de couple. Je n'aurais pas pu écrire ce livre sans elles.

Lexique

Âge sexuel (locution forgée par l'auteur) : étape du développement sexuel. Âge naïf, âge ingrat, âge mûr, âge d'or.

Amour (du latin *amor*, sentiment de confiance, de fidélité et aussi d'amitié) : disposition favorable de l'affectivité et de la volonté à l'égard de ce qui est senti ou reconnu comme bon. L'amour, dans ce livre, est entendu comme un sentiment positif dirigé vers l'autre dans sa totalité, différent de la génitalité.

Androgènes (du grec *andros*, homme, et *genos*, naissance) : hormones produites par les testicules de l'homme et les glandes surrénales des deux sexes. Elles permettent le développement des caractères sexuels secondaires (voix, système pileux...) et jouent un rôle dans la régulation du désir sexuel.

Andromaque (posture d') (du grec *anêr*, génitif *andros*, et *machê*, combat ; d'où l'idée : qui combat, qui soumet les hommes) : position sexuelle où l'homme est couché sur le dos, la femme se positionnant sur lui, assise ou accroupie.

Andropause : baisse du niveau de la testostérone qui survient chez certains hommes aux abords de la cinquantaine. Elle peut s'accompagner d'une inhibition du désir sexuel.

Anorgasmie : incapacité à avoir un orgasme lors des relations sexuelles. Cela peut concerner les deux sexes.

Asexuel (utilisé comme nom, et non comme adjectif) : sujet qui n'a pas de relations sexuelles avec un autre. L'asexuel n'a de désir sexuel pour personne, ni de son sexe ni de l'autre. L'asexualité n'implique pas la chasteté puisque certains pratiquent la masturbation.

Aversion sexuelle : état affectif comportemental contre un désir sexuel. Elle se manifeste par des réactions négatives de répugnance, de dégoût et d'anxiété, à la suite d'une mise en contact avec n'importe quelle manifestation ayant trait à la sexualité.

Besoin (du francique *bisunni*, *bi*-signifiant auprès et *sunni*, soin) : exigence provenant de la nature ou de la vie sociale. Le besoin est tout ce qui est essentiel à notre existence physique (boire, manger, dormir, uriner, déféquer…). Il est lié à la fonction vitale ; le désir, lui, ne se restreint pas à cette nécessité vitale (pour l'opposition entre besoin et désir, voir Désir).

Clitoris (du grec *kleitoris*) : petit organe érectile situé à la jonction supérieure des petites lèvres de la vulve. De même origine embryonnaire que le pénis, le clitoris présente une structure identique : corps caverneux, corps spongieux, prépuce (capuchon) et gland. Il est plus innervé encore que le pénis, et sa stimulation joue un rôle important dans le processus de l'orgasme de la femme. Tandis que la proéminence fait de 0,5 à 1 centimètre, ses deux racines mesurent environ 10 centimètres à l'intérieur du corps.

Coït (du latin *coire*, aller avec, aller ensemble, d'où : s'unir) : accouplement du mâle avec la femelle.

Communication (du latin *communicatio*, mise en commun, échange de propos) : fait de communiquer, d'établir une relation avec quelqu'un. La communication est considérée par de nombreux thérapeutes de couples comme la clef de la réussite. Communiquer, c'est pouvoir discuter de ses besoins, émotions, sentiments ou désirs mutuels. Une communication saine a des répercussions bénéfiques sur l'ensemble de la relation et favorise l'intimité, les projets de vie communs, l'absence de conflit, ainsi que des relations sexuelles satisfaisantes.

Comportement sexuel : ensemble des réactions, attitudes, conduites, pratiques et activités qui portent sur la sexualité.

Cunnilingus (ou cunnilinctus) (du latin *cunnus*, con, organe génital féminin, et *linctus*, de *lingere*, lécher) : acte sexuel consistant à exciter les organes génitaux externes de la femme par des caresses de la bouche et de la langue (relations sexuelles bucco-génitales).

Désir sexuel : force propulsive, énergie, élan de convoitise, pulsion qui pousse à la recherche du plaisir érotique. Il a deux sources : l'une, interne, qui est le fantasme, et l'autre, externe, qui est représentée par l'objet réel susceptible de stimulation érotique. C'est aussi le sentiment d'être attiré vers l'autre.

Dopamine (de *dopa*, sigle de dihydroxyphénylalanine, et *amine*, acide aminé) : neurotransmetteur et précurseur de la noradrénaline et de l'adrénaline. La libération de la dopamine stimule la libido chez l'homme et chez la femme. La prolactine inhibe le désir sexuel en diminuant surtout la dopamine.

Dyspareunie (du grec *dys*, difficulté, manque, et *pareunos*, compagnon de lit) : douleurs chez la femme pendant les rapports sexuels dues à des facteurs physiques ou psychologiques.

Échangisme : pratique consistant, pour deux ou plusieurs couples, à échanger des partenaires sexuels.

Éjaculer (du latin *ejaculari*, lancer) : projeter le sperme par la verge. L'éjaculation comporte deux phases : l'émission, qui correspond à la contraction des vésicules séminales, des canaux déférents et de la prostate menant à la production et à l'accumulation du liquide spermatique au niveau de l'urètre prostatique ; et l'éjection, qui correspond à l'élimination du sperme au travers de l'urètre.

Éjaculation précoce (ou prématurée) : trouble de l'éjaculation persistant ou répété lors de stimulations sexuelles minimes, avant, pendant ou juste après la pénétration, et avant que le sujet ne souhaite éjaculer. Tout homme dont le réflexe éjaculatoire échappe au contrôle de sa volonté peut être considéré comme éjaculateur prématuré, quelle que soit la durée du coït. Il s'agit essentiellement d'une incapacité, chez le sujet, à exercer un contrôle volontaire sur le réflexe de l'éjaculation. Les causes sont soit psychologiques (anxiété, expériences sexuelles antérieures, comportement sexuel réduit, moindre contrôle de la technique), soit d'origine biologique (hypersensibilité, réflexes, prédisposition génétique, etc.).

Endorphines (de l'anglais *endogenous*, endogène, et *morphin*, morphine) : substance endogène proche de la morphine, synthétisée au niveau du cerveau et responsable de la sensation de plaisir.

Érotique (film, image, revue...) : se différencie d'un film, d'une revue pornographiques par leur esthétisme et l'importance donnée aux relations interpersonnelles.

Érotiser : s'entraîner en stimulant les centres nerveux dont dépend l'impulsion sexuelle, donner un caractère érotique à certaines parties de son corps (aux zones érogènes). Par exemple, c'est quand la femme sera en mesure d'érotiser son vagin qu'elle ressentira du plaisir lors du coït et en tirera une satisfaction.

Fantasme (du grec *phantasma*, apparition, vision) : représentation mentale consciente qui déclenche une émotion sexuelle et facilite l'émergence du désir sexuel. Il est reconnu comme l'élément moteur numéro un dans le déclenchement d'une activité sexuelle. La psychanalyse reconnaît aussi l'existence des fantasmes inconscients, sources des rêves érotiques.

Fellation (du latin *fellatum*, de *fellare*, téter, sucer) : acte sexuel consistant à exciter le pénis par des caresses de la bouche et de la langue (relations sexuelles bucco-génitales).

Féminisme (du latin *femina*, femme) : doctrine, mouvement qui préconise l'extension des droits et du rôle de la femme dans la société et, partant, l'égalité des femmes et des hommes. Lorsqu'on évoque aujourd'hui le féminisme, on observe différentes réactions. Pour certaines femmes, surtout les plus jeunes, le féminisme est un combat dépassé, elles ne se sentent pas opprimées et ne sont donc pas solidaires d'une lutte pour une position qu'elles considèrent comme acquise. D'autres, héritières d'un féminisme plus radical, rejettent la féminité et ses attributs (du maquillage à la maternité) comme les oripeaux du regard masculin sexiste et misogyne, et critiquent la pornographie et la prostitution parce que la première porte atteinte à la dignité des femmes et que la seconde attente à l'égalité entre les sexes. Enfin, il y a celles qui mettent en avant leurs « qualités féminines » comme des atouts supplémentaires. Elles aspirent à la promotion sociale et veulent par ailleurs se réapproprier la dimension maternelle. Elles préfèrent concilier plutôt que choisir entre les sphères publique et privée.

Frigidité (du latin *frigiditas*, froideur) : absence permanente de désir sexuel et incapacité d'obtenir une satisfaction sexuelle chez la femme. À l'inverse de l'anorgasmie, elle concerne la vie sexuelle dans sa globalité. Le plus souvent, il s'agit d'une privation inconsciente – la personne s'interdit de désirer, de ressentir – liée à la culpabilité ou à une honte transmise par l'éducation.

Génitalité (du latin *genitalis*, qui engendre) : comportement sexuel dirigé uniquement vers les organes génitaux, sans se préoccuper de la personnalité du partenaire.

Glaire cervicale : mucus sécrété par le col de l'utérus avant l'ovulation, indispensable à l'ascension des spermatozoïdes vers l'utérus.

Hédonisme (du grec *hêdonê*, plaisir) : doctrine des philosophes de l'école de Cyrène, fondée par Aristippe de Cyrène au Ve siècle av. J.-C., qui fait du plaisir le but de l'existence (à ne pas confondre avec l'épicurisme).

Impuissance : pour un homme, incapacité temporaire ou définitive à obtenir une érection et, par extension, incapacité physique d'accomplir l'acte sexuel normal et complet.

Infertilité : incapacité de procréer pendant une période considérée.

Intelligence sexuelle : pour l'auteur de ce livre, capacité de connaître sa propre sexualité ainsi que celle de l'autre, et de pouvoir l'intégrer dans la relation. Cela implique de réconcilier la chair et l'intelligence, de faire les bons choix et de se sentir bien dans sa peau.

Intermittent du sexe (locution inventée par l'auteur) : personne qui aime et qui pratique le sexe sporadiquement.

Intimité (du latin *intimus*, qui est le plus en dedans, qui est au cœur) : liens étroits, relations sentimentales et érotiques.

KINSEY Alfred (1894-1956) : professeur de zoologie qui a fondé, au sein de l'Indiana University Bloomington, l'Institute for Sex Research, rebaptisé plus tard Kinsey Institute. Il entreprend aux États-Unis la première grande enquête quantitative sur les comportements sexuels. En analysant la fréquence de pratiques prohibées, il pense apporter la preuve de l'obsolescence de la loi, dans un pays où les attouchements des parties génitales, les attouchements buccaux, le coït anal sont considérés comme des actes délictueux. Avec ses collaborateurs, il répertorie auprès de 12 000 personnes toutes les sources de plaisir employées pour atteindre l'orgasme : pollutions nocturnes, masturbation, flirt hétérosexuel, coït hétérosexuel, rapport homosexuel, zoophilie.

Levrette (posture en) (du latin *more canino*, attesté en français au XVIIIe siècle comme « lévrier » ou « levrette ») : se dit d'une position sexuelle où l'homme se place derrière sa partenaire, à la manière des chiens.

Libido (du latin *libido*, désir amoureux) : recherche instinctive du plaisir sexuel (désir). En psychanalyse : énergie psychique sous-tendant les pulsions de vie (Éros) et, spécialement, les pulsions sexuelles.

Lubrification (du latin *lubricus*, glissant) : substance semblable à la sueur, apparaissant dans le vagin au début de toute forme de stimulation sexuelle efficace. C'est la première réponse physiologique à la stimulation sexuelle chez la femme.

MASTERS William (1915-2001) **& JOHNSON Virginia** (1925) : sexologues américains, de surcroît gynécologue pour Masters et psychologue pour Johnson. Pendant un certain temps, ils vécurent en couple. Ils furent pionniers en matière de sexologie humaine ; ils étudièrent dans leur laboratoire quelque 10 000 orgasmes obtenus sur des sujets pendant une activité sexuelle, aussi bien masturbatoire que lors de rapports sexuels. Après une phase de recherches cliniques, ils ouvrirent une clinique pour traiter les troubles sexuels de couples.

Masturbation (du latin *manus*, main, et *stupratio*, action de souiller) : autostimulation, en général manuelle, des organes sexuels pour se procurer du plaisir. Elle permet de découvrir le fonctionnement de son corps et d'améliorer sa sexualité.

Maturité sexuelle (du latin *maturus*, mûr) : possession par un individu de tous ses moyens physiques et psychologiques et de toutes ses capacités sexuelles. L'auteur utilise ce terme pour désigner un état de développement complet de la sexualité qui s'acquiert au bout d'un certain âge et après un apprentissage poussé où les individus atteignent une connaissance érotique de leur propre corps et de celui de leur partenaire afin d'en retirer le maximum de satisfaction sexuelle.

Ménopause (du grec *mênos*, mois, et *pausis*, cessation) : cessation de l'activité de reproduction et des menstruations chez la femme, habituellement aux alentours de 50 ans.

Missionnaire (posture du) (selon une interprétation, les missionnaires qui évangélisaient certaines peuplades conseillaient aux gens de prendre cette position, qui est la plus favorable à la procréation) : position sexuelle la plus classique, l'homme étant couché sur la femme.

Motivations sexuelles : raisons qui poussent un sujet à faire l'amour.

MST (maladies sexuellement transmissibles) : maladies causées par des germes divers et pouvant être transmises lors des relations sexuelles (syphilis, sida...).

Multiorgasme : série d'orgasmes consécutifs que peuvent obtenir certaines femmes. Contrairement aux hommes, elles ne connaissent pas nécessairement de période réfractaire et peuvent donc prolonger le plaisir beaucoup plus longtemps (certaines peuvent avoir cinq, voire vingt orgasmes au cours d'un même rapport sexuel). Cependant, ces orgasmes multiples ne sont pas pour autant liés à une plus grande satisfaction sexuelle. En avoir n'est pas un but en soi.

Narcissisme (de Narcisse, personnage de la mythologie grecque, qui s'éprit de lui-même en regardant son reflet dans l'eau d'une fontaine) : amour exagéré de l'image de soi, contemplation de soi-même. Difficulté ou impossibilité d'aimer les autres. Les hommes et les femmes narcissiques courent perpétuellement après leur jeunesse. Ils cherchent à plaire à tout prix, à séduire, pour eux-mêmes et non pour aimer les autres. C'est donc dans le regard des autres qu'ils trouvent une raison d'exister, une reconnaissance.

Dans les cas les plus graves, ils s'isolent totalement du monde. Pour Freud, le narcissisme est un stade du développement de la libido : le sujet commence par se prendre lui-même et par prendre son propre corps comme objet d'amour (narcissisme primaire) ; durant l'adolescence apparaît le narcissisme secondaire, plus élaboré.

Nymphomanie (du grec *numphê*, jeune fille en âge d'être mariée, et *mania*, folie, fureur) : exagération pathologique des désirs sexuels chez une femme.

Ocytocine (du grec *ôkutokos, ôkus*, rapide et *tokos*, qui procure un accouchement) : hormone sécrétée par l'hypophyse qui déclenche les contractions utérines au cours de l'accouchement. Elle déclenche également la mécanique de l'orgasme chez l'homme comme chez la femme.

Œstrogènes (du grec *oistros*, taon, désignant l'aiguillon du désir, de la passion, et *genos*, naissance) : hormones sexuelles féminines sécrétées par les ovaires, déterminant les caractères sexuels secondaires féminins (seins, poils...).

Onanisme (de Onan, personnage biblique) : terme ancien désignant la masturbation. En réalité, le péché d'Onan n'est nullement la masturbation, mais le coït interrompu. Il a été mal interprété par les Pères de l'Église. (« Onan, en s'unissant à sa belle-sœur, évitait de la rendre enceinte, pour ne pas donner naissance à une descendance qui ne serait pas la sienne et que, pour ce péché, Dieu fit mourir. » Genèse, 38, 9)

Orgasme (du grec *orgân*, bouillonner d'ardeur, de désir) : paroxysme du plaisir au cours du rapport sexuel ou de la masturbation. Il procure une sensation de plénitude et, pour un temps variable, le sentiment d'être comblé. Pour Masters & Johnson, c'est le principe d'une sexualité accomplie. L'orgasme présente un ensemble coordonné où se manifestent plusieurs phénomènes physiologiques comme des contractions régulières et involontaires de certains muscles se situant autour des organes sexuels, des balancements du corps, de la tachycardie, une exagération des mouvements respiratoires, des grimaces et des petits cris. Il peut être de durée et d'intensité variables pour des raisons physiologiques (fatigue, stress...) ou psychologiques (humeur du moment, sentiments éprouvés pour le/la partenaire).

Passion (du grec *pathos*, du latin *passio*, souffrance, maladie) : état affectif et intellectuel assez puissant pour dominer la vie de l'esprit. Amour puissant, exclusif et obsédant qui caractérise en général les débuts d'une relation amoureuse. Lors de la passion, nous sommes passifs. Nous la subissons, nous en souffrons.

Pénis (du latin *penis*, queue des mammifères) : sexe de l'homme (zizi, queue, verge...). La taille moyenne d'un pénis en érection est d'environ 15 centimètres, et peut varier de moins de 8 cm chez certains, à plus de

30 centimètres chez d'autres. Au repos, il mesure de 4 à 12 centimètres et ne permet pas de préjuger de sa taille en érection.

Période réfractaire : période suivant l'orgasme durant laquelle l'homme est incapable d'être excité sexuellement et d'avoir une érection.

Personnalité sexuelle : ensemble de fonctions, de pratiques et d'aspects qui caractérisent une personne par rapport à sa sensualité, à ses fantasmes, à ses désirs, à ses inhibitions, c'est-à-dire à tout ce qui a un rapport avec sa vie sexuelle.

Plaisir (du latin *placere*, plaire, être agréable) : sensations subjectives, émotions agréables qui ont pour source l'excitation sexuelle. La manifestation chez l'homme en est l'érection et chez la femme la lubrification vaginale.

Pollution nocturne (du latin *pollutio*, souillure) : éjaculation survenant en dehors de toute activité érotique volontaire, pendant le sommeil.

Pornographie (du grec *pornê*, prostituée, et *graphein*, écrire) : représentation (par des écrits, des spectacles, des images, des photos, des films...) de sujets obscènes, destinés à être communiqués ou vendus au public.

Préliminaires : phase de la relation sexuelle qui précède la pénétration et qui consiste à stimuler les zones érogènes du partenaire en vue d'intensifier son excitation sexuelle.

Prolactine (du latin *pro*, en avant, à la place, et *lactus*, lait) : hormone sécrétée par l'hypophyse pour les sujets des deux sexes et qui déclenche notamment la lactation. Nombre de ses actions font intervenir une synergie avec les hormones sexuelles. Ainsi, l'élévation du taux de prolactine observée après l'orgasme serait proportionnelle à la satiété sexuelle. Cependant, après un orgasme, la prolactine, en interférant avec la testostérone (ainsi qu'avec la dopamine), devient l'hormone de l'antidésir, tant chez la femme que chez l'homme. Il est donc normal et naturel qu'une femme n'éprouve que très peu de désir pendant les mois qui suivent la naissance de son enfant.

Romantique (de l'anglais *romantic*, roman) : qui appartient au roman par son caractère chimérique. D'où : qui manque de réalisme, qui sacrifie l'analyse positive des faits à un certain idéalisme.

Satisfaction sexuelle : résultante de tous les éléments qui composent la réponse sexuelle (désir, plaisir, orgasme) et déterminent les émotions éprouvées.

Sensuel (du latin *sensus*, sens) : qui annonce ou évoque un tempérament voluptueux. À l'heure actuelle, quand une femme dit « je suis sensuelle », elle parle de ses sens en général, sans évoquer spécifiquement la sexualité. Ce que les hommes interprètent mal ; ils croient avoir affaire à une femme qui aime et cherche la relation sexuelle.

Sexe (du latin *sexus*, ensemble des caractères distinguant le mâle de la femelle, et organes génitaux ; ou peut-être dérivé du latin *secare*, couper, diviser, sectionner) : dans cet ouvrage, le mot a surtout été utilisé pour désigner une activité sexuelle.

Sexologie : étude des phénomènes sexuels normaux ou anormaux et traitement des troubles sexuels.

Sexophile (néologisme forgé par l'auteur) : qui aime le sexe.

Sexophobe (néologisme forgé par l'auteur) : personne qui n'aime pas le sexe. La différence avec l'asexuel est que ce dernier ne pratique pas le rapport sexuel, ce que le sexophobe, parfois, ne peut éviter. Il s'adonne alors au coït contre son gré.

Sodomie (de Sodome, ville de Palestine) : rapport sexuel anal. Pratique considérée comme déviante puisque ne menant pas à la reproduction, entourée des tabous liés aux fonctions excrétrices, surtout dans les civilisations où ces fonctions naturelles sont jugées honteuses. La sodomie est perçue de manière très diverse selon les sociétés et les religions. De nos jours, certains pays la criminalisent toujours entre adultes consentants, allant même jusqu'à requérir la peine de mort. Elle est aussi très souvent rapprochée de l'homosexualité masculine.

Tantrisme (sexuel) (du sanskrit *tantra*, trame ou chaîne d'un tissu, d'où l'idée de déroulement, de continuité, de méthode) : forme de l'hindouisme fondée sur l'utilisation de l'énergie cosmique considérée comme féminine, qui accorde la plus grande importance au culte des divinités féminines. C'est un art de l'extase amoureuse plutôt qu'un ensemble de techniques pour améliorer les performances sexuelles.

Testostérone (du latin *testis*, testicule, et de stérol, terminaison de l'hormone) : hormone testiculaire mâle qui produit et maintient les caractères sexuels masculins secondaires. Elle joue un rôle dans le processus du désir sexuel. Elle est sécrétée par les testicules des hommes, les ovaires et les glandes surrénales des femmes.

Test post-coïtal : recherche des spermatozoïdes dans la glaire cervicale de la femme après un rapport sexuel, permettant d'étudier la cause de certaines infertilités.

Tirésias : dans la mythologie grecque, devin aveugle de Thèbes. « Alors que Tirésias se promenait en forêt, il troubla de son bâton l'accouplement de deux serpents. Aussitôt, il fut transformé en femme. Tirésias resta sous cette apparence pendant sept ans. La huitième année, il revit les mêmes serpents s'accoupler. "Si quand on vous blesse, dit-il, votre pouvoir est assez grand pour changer la nature de votre ennemi, je vais vous frapper une seconde fois." Et, ainsi, Tirésias redevint un homme. Quand Zeus prétendit que la femme prenait plus de plaisir que l'homme à l'acte sexuel et que son épouse Héra prétendit le contraire, les dieux demandèrent l'avis de Tirésias qui avait l'expérience des deux sexes. Tirésias se rangea de l'avis de Zeus et Héra, plus offensée qu'il ne convenait de l'être pour un sujet aussi léger, condamna les yeux de son juge à des ténèbres éternelles. Zeus ne pouvait aller à l'encontre de la décision d'Héra, alors, pour compenser sa cécité, il offrit à Tirésias le don de divination et une vie longue de sept générations. » (Ovide, *Les Métamorphoses*, III, 316-338)

Troubles sexuels : désordre, perturbation dans la fonction sexuelle. Les sexologues parlent plutôt de dysfonctions sexuelles, parmi lesquelles ils rangent : les troubles du désir, de l'excitation, de l'orgasme, de l'éjaculation et les troubles avec douleur (dyspareunie, vaginisme). Les autres troubles sont les perversions et ceux liés à l'identité sexuelle.

Vagin (du latin *vagina*, fourreau de l'épée, étui, gaine) : partie de l'appareil génital de la femme qui constitue l'organe de la copulation et s'étend de la vulve au col de l'utérus.

Vaginisme : contraction réflexe anormale des muscles du vagin au cours d'un rapport sexuel, rendant toute pénétration impossible.

Vénérien (du latin *venerius*, de Vénus, déesse de l'amour) : qui a un rapport avec l'acte sexuel.

Viagra® (issu de la contraction de *vigor*, vigueur, en anglais, et de Niagara) : médicament commercialisé depuis 1998 en Europe pour traiter les troubles de l'érection. Il restaure la fonction érectile dans des conditions naturelles (avec une stimulation sexuelle) en augmentant le flux sanguin dans le pénis.

Virilité (du latin *vir*, homme) : ensemble des attributs physiques et sexuels de l'homme. Puissance sexuelle masculine.

Zones érogènes : parties sensibles du corps qui, lorsqu'elles sont stimulées, accroissent l'excitation du sujet.

Notes

1. Les différents types de comportement sexuel

1. Alberoni F., *L'Érotisme*, © Éditions Ramsay, 1987, p. 154.

2. *//lejournalsante. com*, 2004.

3. *www.20minutes.ch*, 2006.

2. Les âges sexuels

1. Freud S., *Trois essais sur la théorie sexuelle*, Éditions Gallimard, Paris, 1987, p. 115.

2. Masters W. & Johnson V., *Les Réactions sexuelles*, © Éditions Robert Laffont, Paris, 1968.

3. Saint Paul, 1re épître aux Corinthiens, VI, 13.

4. *Id.*, VI, 18.

5. *Id.*, VII, 8-9.

6. Cité par Tannahill R., *Le Sexe dans l'histoire*, © Éditions Robert Laffont, Paris, 1982, p. 116.

7. Cité par Corbin A., © *L'Histoire*, n° spécial, janvier 1984, p. 75.

8. Csikszentmihalyi M., *Vivre, la psychologie du bonheur,* ©Éditions Robert Laffont, Paris, 2004, p. 120.

9. Hite S., *Le Nouveau Rapport Hite, l'enquête la plus révolutionnaire jamais menée sur la sexualité féminine,* ©Éditions Robert Laffont, Paris, 2002, p. 495.

10. Leleu G., *Le Traité du désir,* Éditions Flammarion, 1997, p. 103.

11. Pasini W., *La Force du désir,* © Éditions Odile Jacob, 1999, p. 7-8.

12. Crépault C. & Bussières H., *Contraception Fertilité Sexualité,* édition belge, 1987, vol. 1, n° 5, p. 23-24.

13. Tordjman et *al., Le Livre de bord de la vie sexuelle,* Éditions Marabout, 1998, p. 170.

14. Ribes G., *Cahiers de sexologie clinique*, 1999, vol. 25, n° 142, p. 37.

15. Conrad S. & Milburn M., *L'Intelligence sexuelle,* Éditions Payot, 2002, cité par *Psychologies,* juillet 2002, p. 64.

3. Les motivations sexuelles

1. Freud S., *Trois essais sur la théorie sexuelle*, Éditions Gallimard, Paris, 1987. L'édition originale, *Drei Abhandlungen zur Sexualtheorie*, 1905.

2. *Catéchisme de l'Église catholique*, Mame/Plon, 1992, p. 478.

3. Cité dans le *Dictionnaire culturel en langue française*, Dictionnaire Le Robert, 2005, tome IV, p. 758.

4. Hite S., *Le Nouveau Rapport Hite, l'enquête la plus révolutionnaire jamais menée sur la sexualité féminine,* ©Éditions Robert Laffont, Paris, 2002, p. 385.

5. Kaplan H.S., *La Nouvelle Thérapie sexuelle*, Éditions Buchet/Chastel, Paris, 1979, p. 324.

6. Shere Hite : « Les hommes donnent l'amour en échange du sexe, et les femmes donnent le sexe en échange de l'amour. » Guy Corneau : « Les hommes entrent dans le rapport romantique et dans l'amour par la sexualité, alors que les femmes entrent dans la sexualité par l'amour et le romantisme. »

7. Feuerbach L., *Contre le dualisme du corps et de l'âme, de la chair et de l'esprit;* cité par Onfray M., *L'Art de jouir*, ©Éditions Grasset & Fasquelle, 1991, p. 188.

8. Csikszentmihalyi M., *Vivre, la psychologie du bonheur*, ©Éditions Robert Laffont, Paris, 2004, p. 113.

4. La réponse sexuelle

1. Repris dans le *Dictionnaire culturel de la langue française*, Dictionnaire Le Robert, 2005, tome IV, p. 183.

2. Alberoni F., *L'Érotisme*, © Éditions Ramsay, 1987, p. 99.

3. Voir Hite S., *Le Nouveau Rapport Hite, l'enquête la plus révolutionnaire jamais menée sur la sexualité féminine*, © Éditions Robert Laffont, Paris, 2002, p. 453.

4. The Working Group on a New View of Women's Sexual Problems, *Sexologies*, vol. 12, n° 45, septembre 2003.

5. Muchembled R., *L'Orgasme et l'Occident*, Éditions du Seuil, Paris, 2005, p. 13.

6. Alberoni F., *L'Érotisme*, © Éditions Ramsay, 1987, p. 153.

7. De Carufel F., *Cahiers Sc. Fam. et Sex.*, n° 13, 1990, p. 117.

8. Yhuel I., *Les Femmes et leur Plaisir*, Éditions Jean-Claude Lattès, Paris, 2001, p. 184.

9. Masters W. & Johnson V., *Les Réactions sexuelles*, © Éditions Robert Laffont, Paris, 1968.

10. Kinsey A.C., *Sexual behavior in the human female*, W.B. Saunders, Philadelphia, 1953.

11. *New Scientist magazine*, n° 2540, 22 février 2006, p. 21.

5. Aimer le sexe

1. Tonnac J.-P. de, *La Révolution asexuelle*, Éditions Albin Michel, Paris, 2006, p. 15.

2. *Id.*, p. 190.

3. Corneau G., *N'y a-t-il pas d'amour heureux ? Comment les liens père-fille et mère-fils conditionnent nos amours*, © Éditions Robert Laffont, Paris, 1997, p. 152.

6. Être heureux

1. Servan-Schreiber D., *Guérir le stress, l'anxiété et la dépression sans médicaments ni psychanalyse*, © Éditions Robert Laffont, Paris, 2003, p. 14.

2. Cyrulnik B., *Un merveilleux malheur*, © Éditions Odile Jacob, Paris, 1999.

3. Gray J., *Les hommes viennent de Mars, les femmes de Vénus*, © Éditions Michel Lafon, Neuilly-sur-Seine, 1999, p. 396 ; J'ai lu, p. 288.

4. *Id.*, p. 61.

5. *Id.*, p. 74.

6. Gottman J.M. & Silver N., *Les couples heureux ont leurs secrets, les sept lois de la réussite*, ©Éditions Jean-Claude Lattès, Paris, 2000, p. 200.

7. *Id.*, p. 211.

8. *Id.*, p. 259.

Conclusion

1. Soirée « Théma » d'Arte sur l'orgasme, le 10 octobre 2006. Films : *Pardon, mais c'est trop bon*, de Sophie Jeaneau, sur l'orgasme féminin, et *Alors, heureux !* de Yvonne Debeaumarché, sur l'orgasme masculin.

Bibliographie

Alberoni Francesco, *L'Érotisme*, Éditions Ramsay, 1987.

Corneau Guy, *N'y a-t-il pas d'amour heureux ? Comment les liens père-fille et mère-fils conditionnent nos amours*, Éditions Robert Laffont, Paris, 1997.

Csikszentmihalyi Mihaly, *Vivre, la psychologie du bonheur*, Éditions Robert Laffont, Paris, 2004.

Cyrulnik Boris, *Un merveilleux malheur*, Éditions Odile Jacob, Paris, 1999.

Freud Sigmund, *Trois essais sur la théorie sexuelle*, Éditions Gallimard, Paris, 1987. L'édition originale, *Drei Abhandlungen zur Sexualtheorie*, 1905.

Gottman John M., Silver Nan, *Les couples heureux ont leurs secrets, les sept lois de la réussite*, Éditions Jean-Claude Lattès, Paris, 2000.

Gray John, *Les hommes viennent de Mars, les femmes viennent de Vénus*, Éditions Michel Lafon, Neuilly-sur-Seine, 1999 ; J'ai Lu, Paris.

Hite Shere, *Le Nouveau Rapport Hite, l'enquête la plus révolutionnaire jamais menée sur la sexualité féminine*, Éditions Robert Laffont, Paris, 2002.

KAPLAN Helen Singer, *La Nouvelle Thérapie sexuelle*, Éditions Buchet/Chastel, Paris, 1979.

KINSEY Alfred C., *Sexual Behavior in the Human Female*, W.B. Saunders, Philadelphia, 1953.

LELEU Gérard, *Le Traité du désir*, Éditions Flammarion, 1997.

MASTERS William, JOHNSON Virginia, *Les Réactions sexuelles*, Éditions Robert Laffont, Paris, 1968. L'édition originale : *Human Sexual Response*, 1966.

MUCHEMBLED Robert, *L'Orgasme et l'Occident*, Éditions du Seuil, Paris, 2005.

ONFRAY Michel, *L'Art de jouir*, Éditions Grasset & Fasquelle, Paris, 1991.

PASINI Willy, *La Force du désir*, Éditions Odile Jacob, Paris, 1999.

SERVAN-SCHREIBER David, *Guérir le stress, l'anxiété et la dépression sans médicaments ni psychanalyse*, Éditions Robert Laffont, Paris, 2003.

TANNAHILL Reay, *Le Sexe dans l'histoire*, Éditions Robert Laffont, Paris, 1982.

TONNAC Jean-Philippe (de), *La Révolution asexuelle*, Éditions Albin Michel, Paris, 2006.

TORDJMAN G., COHEN J., KAHN-NATHAN J., VERDOUX C., *Le Livre de bord de la vie sexuelle*, Marabout, 1998.

YHUEL Isabelle, *Les Femmes et leur plaisir*, Éditions Jean-Claude Lattès, Paris, 2001.

Table des matières

Composition réalisée par ASIATYPE

Achevé d'imprimer en juin 2008 en Espagne par
LITOGRAFIA ROSÉS S.A.
Gava (08850)
Dépôt légal 1re publication : juin 2008
LIBRAIRIE GÉNÉRALE FRANÇAISE - 31, rue de Fleurus - 75278 Paris cedex 06

07/23

30/8486/0